आदमी का, आदमी के द्वारा, आदमी के लिए

देव कुमार गुप्ता

ISBN 979-8-88749-831-7

आदमी का, आदमी के द्वारा,

आदमी के लिए

कविता - संग्रह

रचयिता

देव कुमार गुप्ता

अनुक्रमणिका

दो शब्द

सौर मंडल के एक मात्र जीवन युक्त ग्रह पृथ्वी के सर्व बुध्दिमान प्राणी 'आदमी' से संबंधित उदगारों को व्यक्त करने का भी अधिकार सिर्फ 'आदमी' को ही है, क्योंकि सिर्फ यही एक मात्र प्राणी है, जिसे प्रकृति ने सोचने और भला-बुरा समझने की शक्ति दी है। जीवन के विभिन्न अनुभुतियों को महसूस करने और शब्दों में भी व्यक्त करने की क्षमता प्रदान की है। आदमी अपने जीने के किसी एक पल में भी अपने और दूसरों के बारे में भी सोंचता जरुर है। दुखों और सुखों को भोगता है, प्रभावित करता तथा प्रभावित होता है। इन अनुभुतियों को यदि शब्दों में व्यक्त किया जाए तो 'कविता' बनती है। अब यह अलग बात है कि वह किस तरह के शब्दों को चुनता है अथवा सृजन करके कैसे उसका उपयोग करता है, जिससे कविता की मौलिकता बनी रहे और आम आदमी इन कविताओं के दर्पण में अपना चेहरा निहार सके।

यह भी सच है कि कविता की समझ हर व्यक्ति को नहीं होती, जबकि हर व्यक्ति कविता में ही जीता है।

प्रकृति, हर्ष, दुख, राग, क्रोध, स्वाभिमान, दया, चिंता, उमंग, निर्विकार भाव, प्रबलता से परे आदमी जी नही सकता और ये सब कविता के ही रंग हैं और इन्ही रंगों से सराबोर है यह कविता-संग्रह।

'आदमी' चाँद पर भी जा चुका है और 'आदमी' सिर छिपाने के लिए एक झोंपड़ी की भी तलाश में भटक रहा

है। चाँद पर पहुंचने वाले 'आदमी' और 'झोंपड़ी' के लिए भी भटकने वाले 'आदमी' दोनों की स्थिति पर इस कविता-संग्रह में विचार किया गया है।

व्यंग, अत्याचार, वक्त, विडंबना आदि सभी चीजों का इस कविता-संग्रह में समावेश किया गया है। व्यंग कविताओं को पढकर आप लोट-पोट हो जाएंगे तथा बुध्दिजीवी प्रबुद्ध पाठक सामाजिक व्यवस्था के संबंध में नये सिरे से सोचने पर मजबूर हो जाएंगे। आदमी के द्वारा आदमी पर हो रहे अत्याचार को पढकर आपमें विद्रोह की भावना जागेगी। वक्त के मोल को समझ कर आप वक्त के पाबंद हो जाएंगे तथा शोकपूर्ण कविताओं को पढकर आपका मन दुखी हो जाएगा। इस पुस्तक में सभी तरह के रस भरे हुए हैं। आशा है आप इस पुस्तक को सहमति देंगे और हमारा हौसला बढायेंगे।

आपका शुभाकांक्षी।

उत्प्रेरणा

हिंदी दैनिक अखबार 'आर्यावर्त्त' रविवार के दिन 20 पैसे में रविवासरीय विशेषांक के साथ तथा शेष अन्य दिनों में 15 पैसे का बिकता था। परंतु, एक अनजान ग्राहक ने अखबार का मूल्य चवन्नी (25 पैसे) दिया तथा 5 पैसे वापस लेने से इंकार करते हुए पूछा कि - 'तुम किस कक्षा में पढते हो?' प्रश्न के उत्तर में 'पांचवी कक्षा' सुनकर वे बड़े खुश हुए और निर्देश दिया कि किसी भी परिस्थिति में पढाई नहीं छोड़ना, इसी शर्त्त के साथ मै 5 पैसे स-हर्ष खुशी से तुम्हे दे रहा हूँ। बालक के मन में यह बात बैठ गई। अत्यंत विषम परिस्थितियों में वह वाणिज्य स्नातक होने के बाद प्रतियोगी परीक्षा उत्तीर्ण कर सरकारी सेवा में आ सका। बात यहीं खत्म नहीं हुई, उस बालक ने युवा होकर समर्थता प्राप्त की तब एक नहीं, अनेक विद्यार्थियों को आर्थिक और मानसिक रुप से सक्षम बनने एवं शिक्षा के लक्ष्य को प्राप्त करने हेतु उत्प्रेरक का काम किया। 'नेकी कर और दरिया में डाल' की उक्ति पर चलते हुए इस उत्प्रेरक 'आदमी' को कविता संग्रह के माध्यम से आपके समक्ष प्रस्तुत किया गया है।

आप जो भी कुछ अच्छी और सकारात्मक चीजें इस दुनिया में किसी भी माध्यम से प्राप्त करते हैं, उसे सिर्फ अपने तक ही सीमित न रखें, बल्कि जरुरतमंद और योग्य व्यक्तियों में भी अवश्य ही बांटे। जरुरी नहीं कि अपनी

जरुरतों को पूरी किये बिना दानी बन जाना है। आपका एक बहुमूल्य और सटीक सुझाव भी किसी का जीवन बना सकता है। जब '5 पैसे' के उदारतापूर्वक निर्देश से किसी का जीवन बन सकता है, तब यह 'कविता संग्रह' तो बहुत हीं नायाब निर्देश है। आशा है, इस कविता संग्रह की उपयोगिता का पाठकगण भरपूर लाभ उठायेंगे।

पुस्तिका के संबंध में स्पष्टिकरण

इस प्रस्तुत पुस्तिका में संग्रहित रचनाओं को प्रायः नब्बे के दशक में लिखा गया है, परंतु सत्य हमेशा नवीन एवं शाश्वत हीं होता है। लेकिन समय के साथ कुछ बातें धूमिल अथवा बेमानी हो जाती है। फिर भी, सत्य हमेशा सत्य हीं रहता है, भले हीं समय के परिवर्तन के साथ सत्य में थोड़ा बहुत बदलाव संभव है।

किसी भी व्यक्ति पर आक्षेप अथवा उनके दिल को दुखाना इस कविता संग्रह का उद्देश्य नहीं है। कविता तो भुक्तभोगी के अंर्तमन का उद्गार होता है। "चिंतन" (जिसे दार्शनिकता भी कहा जा सकता है) के सागर में सिर्फ पाठक गण को तैरने के उद्देश्य से इस कविता संग्रह की रचना की गई है। इस कविता संग्रह के माध्यम से किसी भी मानव के मन में सकारात्मक परिवर्तन हो, तो रचयिता अपने प्रयास को सार्थक समझेगा। अस्तु।

भूमिका

“देखकर चिलचिलाती धूप, कोई हार कर बैठ जाता है,
पर वह भी कोई मर्द है, जो उसी धूप में चलकर मंजिल
पाता है।”

उपर की पंक्तियां इसी पुस्तक से ली गई हैं। और यह
पुस्तक इन्ही पंक्तियों के प्रेरणा का परिणाम है। बहुत दिनों
से अलग-अलग डायरियों, कापियों के पन्नों पर विभिन्न
अवसरों पर घटित होने वाली सम-सामयिकी से प्रेरित होकर
छोटी-छोटी कविताए लिखी गई थी। इच्छा थी इन सभी
कविताओं को संकलित कर एक पुस्तक का रुप दिया जाए।

‘इक्यावन’ कविताओं के संग्रह का पुस्तक प्रारुप तैयार
कर कम्प्युटर-प्रिंटिंग हेतु भेजने के बाद पुस्तक सज-धज
कर आपके हाथों में प्रस्तुत है, इस आशा के साथ कि अपनी
जिंदगी में ऐसा कुछ अच्छा कर गुजरें कि लोग आप के बारे
में अनायास कह उठें -

“औरों के लिए वे, पथ प्रदर्शक बन जाते हैं,

बनाकर एक और ‘कीर्तीमान’,‘मील के पत्थर’ गिने जाते
हैं।”

इसी पुस्तक से

संदेश

इस पुस्तिका में समावेशित छोटी-छोटी काव्य रचनाएं, स्पष्ट वादिता तथा मौलिक विचारों से ओत-प्रोत हैं। प्रत्येक रचना 'आग' की लपटों के समान है, जिसमें आदमी का दंभ निश्चित रुप से जल जाएगा। और जल जाएगी, 'निराशा' की अंधकार रुपी कालिमा।

प्रत्येक कविता हथौड़े के समान चोट करती है, समाज में फैली कुव्यवस्था के जाल पर। गम के मारे हुओं को, ये कविताएं जहाँ मानसिक सहारा देती है, वहीं आडंबर में लिपटे आदमी पर व्यंग भी करती है। जीवन के प्रत्येक पहलू को छूने की कोशिश की गई है और सारांश में निष्कर्ष भी निकाल कर कविता के अंत में परोस दिया गया है, जो पाठकों को विचारों के गहरे सागर में मंथन करने हेतु मजबूर कर देता है। प्रत्येक कविता सार-गर्भित और उद्देश्य पूर्ण है। कविताओं में सच्चाई दर्शाते हुए संदेश भी दिया गया है। अब यह सुविज्ञ पाठकों के उपर है कि वे इन संदेशों को कैसे परख पाते हैं।

शुभकामनाओं के साथ।

उद्देश्य

पूरे विश्व में छः अरब से कुछ अधिक लोग हैं। इन्हें सिर्फ दो भागों में बांटा जा सकता है। पहला अच्छा और दूसरा अच्छा नहीं। यानी बुरा। अच्छे भी किसी के लिए कभी बुरे प्रतीत होते हैं, तथा खलनायक की प्रवृति वाले भी किसी की नजरों में अच्छे होते हैं। बस यही है आदमी की असली पहचान। यानी जिससे स्वार्थ सधे वह अच्छा और जिससे स्वार्थ सिध्दि के राह में रोड़ा अटकता नजर आए वह बुरा।

अगर निरपेक्ष होकर भी मानवों को वर्गीकरण की दृष्टि से विभाजित किया जाए तो भी मुख्य रुप से दो हीं श्रेणियां नजर आती हैं- पहला अच्छा तो दूसरा खराब, इसी तरह शाकाहारी सात्विक तो दूसरा सर्वाहारी आमिष।

अमीर तो गरीब, कमजोर तो बलशाली, सीधा-सच्चा तो धूर्त-चलता पूर्जा। न्यायी तो अन्यायी, अंधा तो दृष्टि वाला। कहने का तात्पर्य यह है कि इन दो हीं श्रेणियों के आदमियों के भी कई वर्ग विभेद इन्हीं आदमियों द्वारा कर लिए गए हैं। 2500 से ज्यादा धर्म, हजारों जातियां, विभिन्न भाषाएं, रिति रिवाजें एवं प्रथाएं, आज आदमियों के बीच प्रचलित हैं। परंतु इन सबों का अदृश्य संचालन कर्ता, प्रकृति यानी सुपर पावर एक हीं है। मानवों के उद्देश्य भी एक हीं है - सच्चाई को जानना यानि ज्ञान की प्राप्ति, तद्नुसार कर्म करके जीवन की सार्थकता प्राप्त करलेना।

आदमी

आदमी क्या है?
वह पहले भीड़ में सिर्फ खड़े होने की जगह चाहता है,
याचना करता है, अनुरोध करता है, फिर पा जाता है।
कुछ क्षणों के उपरांत–
वह बैठने की आवश्यकता महसूस करता है,
क्योंकि टांगे उसकी पीड़ीत हो रही हैं,
आस - पास नजर दौड़ाता है, जगह तलाशता है,
जगह नहीं मिली, फिर वह साम-दाम-भेद-भय की
नीति अपनाता है–
आखिरकार भीड़ में बैठ ही जाता है।

कुछ क्षणों के उपरांत–
उसकी आंखें अलसाती हैं अर्थात् उसे नींद आती है,
तभी कोई दूसरा वैसा हीं आदमी उसी से उसी के समान
खड़े होने की जगह के लिए याचना करता है,
परंतु, नींद से अलसाया आदमी, उस दूसरे आदमी की
पीड़ा को नहीं समझ पाता है अर्थात् कुछ देर पहले की
अपनी स्थिति को भी भूल जाता है,
वह उसे डांट कर उपदेश पिलाता है और
इसी धकमपेल में वह दूसरों के बैठने की जगह पर

भी जबरदस्ती पसर जाता है–
और वह दूसरा आदमी–
वह भी साम-दाम-भेद-भय की नीति, हारकर अपनाता है,
यही आदमी है।।

ऐ विधाता, तेरी दुनिया बड़ी निराली

★ ★ ★

एक घर में करूण क्रंदन दुजे घर खुशहाली,
जाए तो मनाए मातम, आए तो दिवाली॥

श्रेणी आदमी की

आदमी से डरता है क्यों, आदमी?

आदमी से नहीं डरता है क्यों, आदमी?

आदमी के मौत का कारण, बनता है आदमी,

मौत से डरते नहीं, ऐसे भी हैं आदमी।

कभी-कभी मौत को भी, डरा देता है आदमी,

फिर भी मौत अपने साथ, ले जाता है आदमी।।

समझ कर भी नहीं समझता है आदमी,

असमय हीं मौत का गुलाम, बनता है आदमी।

धरा का श्रेष्ठ प्राणी, है आदमी,

फिर जाने रह गयी, उसमें क्या कमी।।

लड़ता आपस में, कहता यह तेरी ,यह मेरी जमीं,

जानवरों सा करता व्यवहार, उड़वाता अपनी हीं हँसी।

अपने श्रेष्ठ आचरण से, भगवान भी बनता है आदमी,

करता है दिलों पर राज,

मरकर भी अमर हो जाता है आदमी।।

आग्नेयाश्त्र का निर्माण, भी करता है आदमी,

आग्नेयाश्त्र का शिकार, भी बनता है आदमी।

आखिर क्यों अपनी ही मौत को दावत देता है आदमी,

मरना है एक दिन जानते हुए भी, अदावत करता है क्युं
आदमी।

 आदमी

लोभ, मोह, अहंकार के जाल में फँसा आदमी,
करता नहीं अपने दिव्य मस्तिष्क का सदुपयोग आदमी।
क्रोध, अन्याय, घमंड, दुराचरण, द्वेष, कुटिलता और
जलन,

जानवर भी नहीं अपनाते इसे,
फिर आदमी का कैसे हो सकता यह चलन।
और इसी 'निकृष्ट' आदमी से डरता है आदमी,
और भला अमर आदमी से डरेगा क्यों आदमी।।

आदमी मृत्युपरांत गुमनामी के अंधेरों में खो जाता है। आदमी वही सफल है, जो जीवन के किसी भी एक सार्थक क्षेत्र विशेष में पूर्ण सफलता प्राप्त कर लेता है।

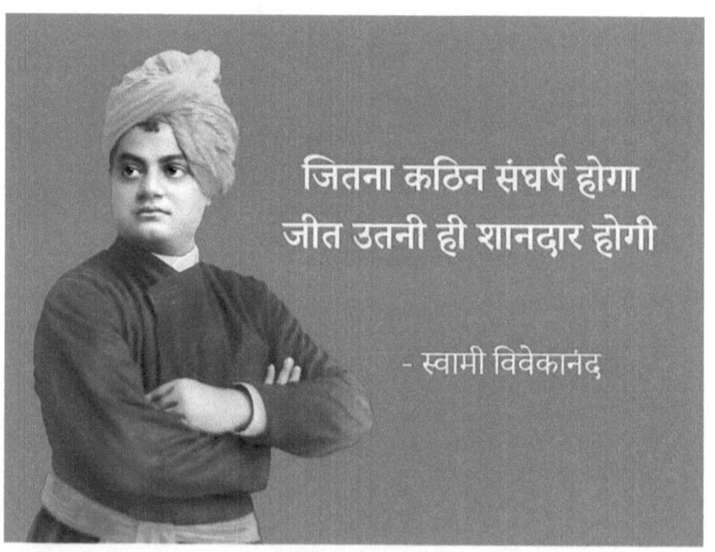

जीने की कला

बिना जिए मर जाते हैं लाखों लोग,

चले जाते जीवन का बिना किए उपभोग।

जीना भी क्या जीना, कुछ नया कर न पाए

रहे पीटते लीक, जीवन हीं उसे उलझाए।।

जीने का साधन, जुटाने में सारा जीवन कट जाए,

जुटाते-जुटाते साधन, खुद हीं कूच कर जाए।

क्या जी पाए ऐसे लोग, अंत में पछताए,

जीना भी क्या जीना, कुछ नया कर न पाए।।

जिंदा नजर आते सभी, करते पूरा काम,

पर पता नहीं उन्हें, जीना है किसका नाम।

नादाँ ऐसे भी, अंत-अंत तक जीना न आया,

की खुब मौज मस्ती, लाख धन कमाया।

रही जब तक आंखे खुली, लोगों ने खुब बनाया,

गये दुनिया से, झट लूट संपति, तुरत भुलाया।

खुब दिनों तक दुनिया में रहना क्या जीना है?

जीवन का नाम क्या, घूँट घूँट कर आँसू पीना है?

बारह घंटे रह कर धूप क्या पाता है?

इंद्रधनुष कुछ पल चमक कर, याद अपनी बनाता है।

सौ सौ वर्षों तक, रहते दुनिया में लाखों लोग,

कीड़ों-मकोड़ों सी जिंदगी में, उनके दुख-शोक।

वहीं शंकर, ध्रुव, शिवा, पटेल, सुभाष जैसी हस्ती महान्
आज भी करती दुनिया, उनका जयगान।
जीने की कला सच, वे हीं समझ पाए,
वो भी क्या जीना, पग-पग पर जो भय खाए।।

ऐसे भी हैं लोग, जीते जी दुनिया गुण गाए,
वे हीं शख्स ऐसे, जो दुहरा दुहरा कर जी पाए।
जाने पर भी उनके, नाम अमर रह जाए,
सच पूछो तो जीने का मतलब,
वो हीं समझ पाए।।

आदमी

औरों से ज्यादा दिल ना जोड़ो,

न जाने, किस वक्त, कौन ठुकराएगा

करो न मन को चंचल, खुलो न ज्यादा किसी से,

पराए तो पराए, अपना भी साथ न निभाएगा॥

आदमी का परिवेश

जिस परिवेश में जीता है आदमी,
संस्कार वैसा हीं पाता है आदमी।
    जमीन पर सोने वाले को पलंग दिया जाएगा,
    तब भी पलंग छोड़, जमीन पर सो जाएगा।
खेत में शौच जाने वाले को
मैले कुचैले तन पर डाले जो
अँगुठा छाप, अनपढ, गँवार को
भीरु, डरपोक, उज्जड-परिवार को
    शहरी रिवाज न भाएगा,
    कोर्ट, टाई पहन कर घबराएगा,
    बात किताबों की समझ न पाएगा,
    गाँवघर छोड़ कहीं न जाएगा।।
जिद्दी को कौन समझाए,
अनपढ को कौन पढाए।
बहुमत जब अपनी जिद पर आए,
उसका फिर कौन उपाय।।
    लाठी के आगे कलम फेल है,
    आवारा, घुमक्कड़ को घर भी जेल है।
    हत्यारे के लिए हत्या खेल है,
परिवेश हीं आदमी को संस्कार से कराता मेल है।

संयोग

बादल की दो बरखा बूंदे, गिरती है सागर तट पर।
बनता है 'मोती' सीप में गिरकर एक,
दूसरा अस्तित्व खोता सागर में मिलकर।।
बहुमूल्य हो जाती है 'स्वाति' बूंदे,
मोती में परिवर्तित हो कर।
पर उनका क्युँ अस्तित्व हीं मिट जाता,
जो बह जाते सागर में खोकर।।

उत्स था दोंनो बूंदों का एक, साथ-साथ दोंनो चली,
यात्रा-दूरी एक थी, बादल से धरती तक साथ रहीं।

पर यात्रा के अंत में, जाने क्या हुआ,
एक जा पड़ा उस सीपी में, जिसका था मुंह खुला हुआ।
दूसरा सागर जल में गिरकर, उससे जुदा हुआ।
इसे 'संयोग' कहें या, महज यह, यूँहीं हुआ।।

नादानी लोगों की

देखकर भीड़ अदालतों में,
बंद लोग कुछ हवालातों में।
लगाते चक्कर वकील का दिन और रातो में,
फँसे रहते पेशकार और जज की बातों में।।

आखिर अदालत काम क्या करता है,
महज कुछ फाइन अथवा सजा करता है।
और नहीं कुछ तो दिन टालते टालते,
सिर्फ पीड़ीत व्यक्ति के घाव भरता है।।

तारीखें पड़ती हैं, दिन कटता है,
लोगों की पाकिटें कटती हैं।
मगर इस सफाई से की,
कोई इसकी शिकायत भी न करता है।।

उजली नेकटाई, काला चोगा,
कलम यानी कैंची हाथ में।
चश्मों के भीतर से टटोलती आंखे,
लोगों के पाकेट और पैसे।।

लोग भी जाने कैसे-कैसे,
उन्हीं की बातों में उलझे रहते हैं।
जो सिखाता वकील, वही सुनते,
अपने अंदर के जज की बात नहीं कहते।।

सिपाही हथकड़ी दिखाता,
जज उँचे पर बैठ गुर्राता।
पेशकार संवेदना सहलाता,
देख यह सब, मुवक्किल घबड़ाता।।
'खेत' बेच पैसा लाता।

क्युँ लोग आपस में लड़ते हैं,
थोड़ी थोड़ी सी बातों का बतंगर करते हैं।
यदि थोड़ा ठन हीं जाए आपस में,
मिल बैठकर कोई निर्णय खुद नहीं करते हैं।।

क्या है नहीं बुध्दि उनको उतना,
धरती पर सर्वोत्तम मानव 'मष्तिष्क' बना।
करता जो भी है अदालत में फैसला,
वह भी तो है मानव मतिधीर बना।।

वह तो सिर्फ सुनता, पढता है,
उसी पर फैसला करता है।

लोगों की नादानी पर कभी-कभी,
किंकर्तव्य-विमुढ बना रहता है।।

  थाना, मुंशी, हवलदार, दफादार,

  पेशकार, वकील, स्टाम्प और सरकार।

  फीस वसुलें सभी, टाइप, होटल, चाय, कागज,

  ये सब लंबी फौजें, ऐसे ही मुल्लों को खोजें।।

अदालत से अच्छा फैसला,

लोग खुद हीं कर सकते हैं।

दूध का दूध, पानी का पानी,

यदि हों मतिधीर, तो क्यों नहीं कर सकते हैं।।

  अदालतों की जरुरत हीं क्या है?

  लोग लगें आपस में हीं मामले सुलझाने,

  जज बैठ मक्खी मारे, तो इसमें नया हीं क्या है?

  पर लगता है, लोगों को यह मंजूर नहीं।

बनें रहें लोग नादान, मूर्ख, गँवार,

आपस में रखेंगे स्वार्थपरता और आन-शान।

  न बात सुनेंगे अपने दिल के अंदर बैठे 'जज' की,

  खाते रहेंगे 'उल्टा-पुल्टा' और बात करेंगे 'हज' की।

दुख- दर्द से पीड़ित, सकल नर- नारी,
कोई ज्यादा, कोई कम, ग्रसित दुख भयकारी।
चिंता, शोक, मोह सतावे, कभी बिमारी,
भूख, अशांति, वेवजह झगड़ा, तो कभी ईर्ष्या,
द्वेष मतिमारी।।

पगलायी हुई भीड़

भीड़ की भाषा समझो, समझो भीड़ की परिभाषा,
भीड़-झुंड होती है जानवरों की, नहीं सोच जरा सा।
समुह, मेला, बाजार, रेला-ठेला, जुलुस, रैली, सभा, तमाशा,
होती नहीं अपनी सोंच, भीड़ के जानवरों में, सिर्फ निराशा।।

झुंड भेड़ों की, जिधर चाहों हॉक दो, हॉकने वाला चाहिए,
भीड़ तो श्मशानों में भी उग आती है, भीड़ जुटाने वाला
चाहिए।
भीड़ नेतृत्व विहीन है, उसे तो कोई रास्ता दिखाने वाला
चाहिए,
समझा जिसने भीड़ की भाषा, उसे अब और कुछ नहीं
चाहिए।

उठाते हैं लाभ भरपुर, भीड़ का वे, होते हैं आशावान्,
वे जानते हैं, भीड़ के सिर्फ चेहरे बदलते हैं, नहीं होते
नाशवान्।
भीड़ को होता है सिर्फ अंधानुकरण करने का ज्ञान,
वे चल देते हैं आंख मुंदे एक के पीछे एक,
होते हुए एक दूसरे से अंजान।।
न जाने कौन से रिश्ते उन्हें ला जुटाते हैं गागर में सागर
समाने को,

आदमी

कांधे में झोला लटकाए, सिर पर गठरी उठाए चल देते हैं
भीड़ में गोता लगाने को।
भूखे-सूखे, अधनंगे, टूटी-पुरानी चप्पलें, बढ़ीं दाढियां, धँसे
गाल,
खादी कुर्ता, पाजामा, छुटभैये नेता,
उगाहे गए चंदा को खाकर, गाल हो गए सेब से लाल।

न आह आई गरीबों की, डकार गए सारे माल,
वे भी होते हैं भीड़ में, जिनकी नजरें कमजोर,
कदम रखते सम्भाल-सम्भाल।।
इन भीड़ों में सभी होते, अमीर-गरीब और धनवान,
एक गिरे गढ़्ढे में, उसके पीछे सारे गिरे,
हुआ हिंदुस्तान भेड़िया धसान।

नकलबाज बंदर होते हैं, भीड़ में कोई होता नहीं इन्सान,
कब क्या रुख बदलेगा भीड़, नहीं सका है कोई पहचान।

भीड़ तो वह सांढ है, जिसे ललकारना तो है आसान,
जो पगलाई भीड़ को चीर दे, वही है महान्।

हर हाल मे जीने का रास्ता खोज लेता है आदमी,

एक दरवाजे के बंद होने पर, दूसरा घर ढूंढ लेता है आदमी॥

हैं जिनके पास लाख करोड़, वो भी जीते हैं,

हैं नहीं जिनके पास फूटी कौड़ी, वो भी जीते हैं॥

फर्क सिर्फ यही है, कि कोई टकराकर जाम पीते हैं,

तो गम के मारे कुछ लोग आँसू पीकर हीं जी लेते हैं॥

कटु सत्य

आदमी हीं है, जैन धर्म के अनुयायी,
अहिंसा परम धर्म, जिनका समझो भाई।
रहते बांधे मुंह पर भी पट्टी,
न हो सॉसों से जीव की अंतिम विदाई।।
शाम से पहले करते भोजन,
न जाए भोजन में कोई कीट समाई।

और वो भी है आदमी, जो दिन दहाड़े हत्या करता जीव
की,
रेत रेत कर गला, तड़पाता है मूक निरीह की।
मार कर, काट काट तौलता तराजू पर, यह कैसी अधमाई।
बकरी काटना हीं जीविका उसकी, कहलाता क्रूर कसाई।।

'वो' भी है आदमी और 'वो' भी है आदमी,
दोनों में है अंतर क्या?
एक देता अहिंसा को प्रश्रय,
दूसरा लिखता रोज, हिंसा का इतिहास नया।
एक है पक्ष अच्छे का, दूसरा तो है बुरा हीं,
कटते रोज मूक प्राणी, होता क्यों विरोध नहीं?

दोनो की है अपनी मजबूरी,
एक का है धर्म, दूसरे की मजदूरी।

करे न मजदूरी तो खाएगा क्या?
निभाए न धर्म, तो कहलाएगा क्या?
धर्म निभाने वाले से कोई नुकसान नहीं,
पर मजदूरी के नाम पर करते जो हिंसा और प्रदूषण भी।

मजदूरी कोई दूसरी भी हो सकती है,
सिर्फ हिंसा हीं नहीं।
पर लोग वो जो खाते बकरी,
देते उसे हिंसा हेतु प्रोत्साहन हीं।।

लोग न जब सुधरेंगे,
हिंसा और प्रदूषण क्या मिट पाएगा?
रहे हर साल जलाते रावण,
अच्छाई नहीं कभी जीत जाएगा।
बुरे पर जीत सदा अच्छे की होती आई,
पर है यहाँ अच्छे और बुरे के बीच गहरी खाई।
अच्छाई को फैलाना होगा, कार्य है नहीं सरल,
करेंगे लोग विरोध बहुत, पड़ेगा पीना पग-पग पर गरल।

 आदमी

सामने तो लोग अच्छा कहेंगे,
पीछे वो बकरी खाए बिना न रहेंगे।
हिंसा पर अहिंसा की जीत ना हो पाएगी,
कलयुग प्रभाव अपना, कैसे ना दिखाएगी।
पर जो अच्छे के लिए सदा मरते आए,
लेकर पक्ष सच्चाई का लड़ते सदा आए।
वो तो धर्म अहिंसा का फैलाएंगे ही,
मरकर भी अमर वो हो जाएंगे ही।

रास्ते सफलता के

अभावों में जिंदगी, जो पलती है,
वही तो सही राहों पर, चलती है।
    मंजिल की ओर, बढते तेजी से कदम,
    कष्टप्रद राहों पर, चलते जो हरदम।।
सुविधाओं का अभाव, उसे सपने दिखाता है,
वही कल्पना उसे जल्दी हीं, मंजिल पर पहुँचाता है।
    बना लेते जो दुख-मुसीबतों, को हीं अपना साथ,
    औरों के आसरे छोड़, बनते वे अपना हाथ जगन्नाथ।।

कभी कभी कष्ट भी पथिक के पाँव लड़खड़ाता है,
पर ऐसे हीं समय में, संयोग भी साथ निभाता है।
    न जाने कौन सा क्षण उसे मंजिल दिखाए,
    बन जाते उसके सहयोगी, अपने या पराए।
सोना जैसे तप कर कुंदन बनता।
गीत, जैसे सजकर संगीत बनता,
सात फेरे लेकर सजन कोई, जैसे मीत बनता।।
    सहकर दारुण दुख आदमी, असाधारण बन जाता,
    साधारण के बीच रहकर अपनी पहचान अलग बनाता।
पाकर मंजिल भी, वह न बैठ रहता,
चलना हीं उसकी मंजिल, नियति भी यही कहता।।

    आदमी

चलते चलते राहों पर, उसने चलना सीखा,
पीकर गरल सिर्फ, उसने जलना हीं सीखा।
औरों के लिए वे, पथ प्रदर्शक बन जाते हैं,
बनाकर एक और 'कीर्तीमान', मील के पत्थर गिने जाते हैं।

★ ★ ★

सुविधाओं में पलकर कैसे कोई मंजिल पाएगा?
मंजिल भूल वह, सुविधाओं का हीं लुत्फ उठाएगा।
पर हैं कुछ इनके अपवाद भी,
सुविधाओं में रहकर, मंजिल जो भूलते नहीं।
कष्ट साध्य परिश्रम करते, जैसे सुविधा हो हीं नहीं,
अंततः सफलता उनके कदम चूमते हीं।

आदमी

अन्वेषण

रिक्शा पर बैठे हुए को क्या देखते हो,

खिंच रहा है जो, उसे भी देखो।

ब्लैक टिकट लेकर हॉल में घुसते को क्या देखते हो,

सिर धुन कर हॉल से बाहर निकलते को भी देखो।

उसके सूट-बूट की चमक को क्या देखते हो,

घर की अंदरुनी हालत भी देखो।

चमचागिरी करके सिर्फ अफसर की, न अकड़ो,

उसके कमजोर नस को भी पकड़ो।

हो-हो करके हँसते हुए उसे क्या सुनते हो,

रोती हुई उसकी बीबी को घर में भी सुनो।

कार में सैर करते हुए को, क्या देखते हो,

पेट्रोल पम्प पर पैसा निकालते हिलते हाथ को भी देखो।

उसके दुर्गुण की क्या बातें करते हो?

कुछ उसके सद्गुण की भी चर्चा करो।

सिर्फ दूसरे को हीं अच्छा-बुरा क्यों कहते हो?

पूछो अपने अंतर्मन से भी, कि तुम कैसे हो?

'मरोगे भूखे, तब कोई पूछने भी न आएगा।
'कुबेर' बनोगे जब, आगे-पीछे सब लग जाएगा।।'

सोया सो खोया

एक दिन तो चौबीस घंटे का हीं होता है,
उसमें आधा तो रात्रि का प्रहर होता है।
बाकी दिन हीं काम का समय होता है,
उसमें भी चार घंटे आदमी नित्य कर्म में खोता है।
खाना पीना, नहाना सँवरना भी होता है,
बाकी अर्थ-यश प्राप्ति हेतु विशेष समय कहाँ होता है।

नित्य दिन चर्या के समय में से हीं समय निकाल कर,
जो कुछ विशेष कर पाते हैं।
व्यर्थ बैठकर, समय न गंवाते हैं,
औरों से हटकर, वही कुछ नया कर दिखाते हैं।

बाकी तो लोग युँ हीं बैठे-बैठे जिंदगी बिताते हैं
सोचतें हैं, टीवी देखते और सोचते रह जाते हैं।
और उसी समय का सही सदुपयोग करके,
कुछ लोग काम अनोखा कर दिखाते हैं।

देखकर चिलचिलाती धूप, कोई हार कर बैठ जाता है,
पर वह भी कोई 'मर्द' है, उसी धूप में चलकर मंजिल पाता
है।

हैं जिनके सक्षम मन-मष्तिष्क और शरीर,
समझते हैं पल-पल का सदुपयोग वे मतिधीर।
कर्तव्य पथ पर बढते रहते निरन्तर जो वीर
उन्हें ही मिलता है सच्चे सुख का हीर।।

                          आदमी

ज्वाला भूख की

एक शाम भी भोजन न मिले,
तो, सोचों आदमी का हाल।
सबसे पहली चिंता पेट की,
भूख से होता आदमी बेहाल।।

भूख से आदमी बच न पाए,
भूख मिटाए, फिर भी भूख सताए।
पेट की आग कभी बुझ न पाए,
बुझाते-बुझाते एक दिन जीव हीं बुझ जाए।।

पेट की आग आदमी से क्या न करवाए,
अच्छे रास्ते छोड़, गलत रास्ते पर भी भटकाए।
आदमी अपने से भी ज्यादा बोझ उठाये,
अचरज का करतब भी कर जाए।

दुनिया में सबसे बुरी है पेट की आग
पर इसे बुझाने को काफी है नमक, रोटी, साग
ज्यादा इससे, जिसे मिलता, अच्छा उनका भाग,
ऐसे भी शख्श यहाँ, जो दाने-दाने को मोहताज।
कुछ लोग इस दुनिया में ऐसे भी,

जूठन जानबूझ कर फेंका करते हैं।
जीभ पर नियंत्रण नहीं, खाते महँगे, झूठी शान दिखाते,
चुकाते समय कीमत महँगे अनाज की, हँसते हँसते रोते।

हर साल मौसम एक सा न होता है,
लहलहायी फसल देख हँसता किसान, भी रोता है।

अतिवृष्टि कभी, तो कभी अल्पवृष्टि,
बाढ ग्रसित फसल, कभी सूखा होता है।

करो आदर सभी अनाज का, नमक, रोटी या साग,
मेहनत के साथ प्रार्थना भी जरुरी, तभी जगेंगे भाग।।

आदमी

'अमीरों के लिए हर दिन होली, हर रात दिवाली है,
गरीबों के लिए हर दिन अंधेरा, हर रातें काली हैं।।'

मृत्यु का सत्य

मृत्यु है जीवन का लक्ष्य,
मृत्यु है जीवन का सत्य।
फिर क्यूँ स्वीकारने में भय,
कभी भी टूट सकता जीवन का लय।।

थोक सौदा भी करता मौत,
मृत्यु, जीवन का है सौत।
दोनों साथ नहीं रह सकती,
सत्य जीवन का यही कहती।।

आ सकती मौत किसी भी क्षण,
तैयार रहो स्वागत हेतु हरदम।
हर पल काम करो ऐसा,
हो न मौत बेबस जैसा।।

चित्त पड़े हैं मुँह तक चादर ओढे,
साॅस हुई बंद, थी जो जीवन से नाता जोड़े।
बहुत आता था गुस्सा, साॅसे जब चलती थी,
नाज था बाजुओं पर, तूती बोलती थी।

आदमी

ले गया मौत, सब अपने साथ,

था बहुत कुछ, अब कुछ न अपने हाथ।

माटी रह गई, सिर्फ जल जाने को,

गुरुर कहाँ गया, दिखाता था जो जमाने को।

कहाँ गई अमीरी, जो जीवन भी न रख पाए,

उनसे तो अच्छे वो साधू, त्यागी जैसा जीवन जो बिताए।

सीधा, सच्चा, सरल को भी जाना होता है,

याद में उसकी कौन नहीं मन में रोता है।

क्रूर कसाई, इस दुनिया से जब जाता है,

जाने के बाद भी, दुनिया उसे गाली सुनाता है।।

देता था न फूटी कौड़ी किसी को,

आज उसी को लोग जला रहे हैं।

करवाता था मालिश रोज जिस देह की,

उसी को लोग आज दफना रहे हैं।

'दहशत' था वह देह भी, जब तक थी उसमें प्राण,

निकली तन की 'ज्योति' जब, गिर पड़ा धरती पर बेजान।

चंचल मन को जीतना, काम कठीन,

पर फल इसका बड़ा मीठा होता।

है यह साधना तो बड़ी महीन,

पर साधक चैन की नींद सोता।।

दर्द की दवा

वैसे तो कोई व्यक्ति है पूर्ण स्वस्थ्य नहीं।
फिर भी बहुत से व्यक्ति स्वस्थ्य खुद को समझते हीं।।

पर उनको रखना होगा हरदम याद।
रोग, बिमारी नहीं सुनता किसी की फरियाद।।

जरा सी कदम डगमगाये नहीं कि रोग शोक ने धर दबोचा।
वैसी भी मुसीबत में फँसता आदमी, जो आज तक नहीं
सोंचा।।

दवा मिलती है दुनिया में सिर्फ दर्द की, सहने की नहीं।
लाख हितैषी हों, फिर भी दर्द सहना पड़ता भुक्तभोगी को
हीं।।

स्वस्थ्य व्यक्ति को भी अचानक क्या से क्या हो जाता है।
लकवा, दिल की बिमारी, मिर्गी या फिर मस्तिषक हीं सो
जाता है।।
कोई ठीक नहीं, कहाँ कोई घुलट जाए, दर्द से मस्तक फट
जाए।
बिना ठोकर लगे गिर जाए, शरीर का कोई भी अंग सुन्न
हो जाए।।

लाख करे जतन कोई, फिर भी आदमी बने असहाय,
निरुपाय।
मानसिक अशांति से काल कवलित आदमी हो जाए।।

मेरी नजर में स्वस्थ है वही, जो समझ लेते जीवन का
मूल।
रहते हैं नियंत्रण मे, नहीं करते हैं जो भुल कर भी कोई
भूल।।
अब कोई पूछे, ये जीवन का मूल क्या है?
दुख दर्द सहते हुए आदमी से, हुई आखिर भूल क्या है?

सदियों से यही सब बात, मनीषी तो बताते आए हैं,
उपनिषद्, गीता ने यही गीत मुक्तकंठ से गाए हैं।

पर सुनने समझने वाला, आज का न जमाना है,
उसे तो बस लोभ, द्वेष, अहंकार में फॅसकर रहजाना है।

फिर वह स्वस्थ्य, कैसे रह पाएगा?
कहीं न कहीं दुख दर्द पटकेगा, फिर वह पछताएगा।

 आदमी

गर चाहो सच्ची शांति और खुशी,

दिल मिला लो अपने राम से॥

रहो मस्त अपने आप में,

देखो न दूसरों को,

मतलब रखो अपने काम से॥

एकाग्रता

चाहो अगर सफलता किसी काम में,
तो करो प्रयास पूरे ध्यान से।
या कि पढ़ना, लिखना औ समझना हो,
नई नइ बातें, याद करना हो।।

है कुछ भी असंभव नहीं,
यदि कार्य पर मन, पूरा हो केंद्रित हीं।
योगीजन भी करते, प्राप्त सिध्दियाँ,
सब कुछ प्राप्त तुम भी, कर सकते यहाँ।।

भटकने न दो मन को, इधर उधर,
साधना से बांध रखो, मन को अगर।
हर पल सफलता, तेरा साथ निभाएगी,
लक्ष्य पर हो यदि पूरा ध्यान,
क्यों न वो पूरा हो पाएगी।।

एकाग्रता के बल पर एकलव्य ने लक्ष्य प्राप्त किया,
कठीन साधना, घोर अभ्यास, हर पल जोश नया।
राम कृष्ण परम हंस, बुद्ध, महावीर, चैतन्य,
सुभाष, पटेल, कलाम और न जाने कितने अन्य।।

आदमी

एकाग्रता से मस्तिष्क होती विकसित,
आती बातें सारी ध्यान में, सूझ-बूझ हो या फिर क्वीज।
एकाग्रता के साथ किए गए कार्य में,
अवश्य सफलता मिलती देर सवेर, जो हो भाग्य में।
जो जितना हो एकाग्र, वह होता उतना सफल,
लम्बे इंतजार का सचमुच, मीठा होता फल।
लक्ष्य की ओर एक एक कदम, एकाग्र हो अगर बढाएँ।
तो मंजिल मिले न क्यों, फिर क्यों पछताएँ।।

एक एक सीढ़ी चढे अगर, धैर्य और एकाग्रता के साथ,
एक साथ चार काम में ध्यान बँटाकर, न हो हताश।
चंचल मन तो, लोभ बढाकर गिराएगा।।

आदमी

संतोष

पियो जितना, प्यास उतनी बढती जाए,

होता आखिर ऐसा क्युँ, कुछ समझ न आए।

पानी नहीं, हवा नहीं, धन है जो मन पर बोझ बढाए,

आए जैसे भी, जहाँ से भी, जाए तो मन बहुत
पछताए।

मेहनत से अन्न उपजता, अन्न सबकी भूख मिटाए,

मिटाकर अन्न पेट की भूख, मन की भूख जगाए।

मन की भूख मिटे कैसे, मानव जान न पाए,

धन से मन की भूख मिटे, धन लेकिन कहाँ से आए।

जिस धन से अन्न मिलता, वह तो ठीक है,

पर मन की भूख मिटाने को जो धन है, वह लिया जाता
है।

मांगा जाता है, झपटा जाता है, न मिले तो छिन लिया
जाता है

हाँ, है यह यही धन, जो मन पर, इक दिन बोझ बनाता
है।।

सोंचे जरा हम, कौन, कैसे, कहाँ से लाकर धन हमें
देता है,

विवशता में धन देने वाले का मन कैसा होता है?

जोर जबरदस्ती से लिए गए धन का परिणाम कैसा होगा?

क्रिया-प्रतिक्रिया का नियम भी, क्या कभी गलत होगा?

हर इंसां के दिल में, एक 'जज' रहता है,

अच्छे बुरे का सही फैसला वही तो करता है।

पर फिर भी, होता है आदमी स्वार्थ में अंधा,

जमीर उसे फटकारता है, पर वह झटकता है कंधा।

जोर जुल्म की तरफ बढे हर कदम इक दिन उसे रुलाता है,

गर्दिश के दिनों में, कोई हमदर्द साथ न निभाता है।।

जब पड़ती है अपने पर, तब भी शायद वह समझ न पाता है,

लालच का फल जब पड़ा भुगतना, तब वह पछताता है।

हक लेना और दिलाना दूसरों को, यही तो धर्म है,

पर जो इसमें अवरोध करे पैदा, वो तो बेशर्म है।।

अति से लिए गए धन से बुझे न प्यास,

भरती रही पाप की गठरी, जो करे इक दिन सर्वनाश।

आह किसी का खाली न जाता है,

इक दिन वह अपना रंग दिखाता है।।

पर बुझे मन की प्यास कैसे? कोई तो पहले बताए,

पड़े न पछताना इक दिन, करे क्या, कोई यह तो समझाए,

है युक्ति एक ऐसी, समय समय पर 'देव' ऋषि यही कहते आए,

आदमी

संतोषं परम् सुखम्, है यही मात्र एक उपाय।।
सोचो जरा, भूखे के लिए रोटी का मूल्य क्या होता है?
पेट भरने के बाद, आदमी प्रायः सोता है।

भरे पेट का आदमी खोजता कुछ और सुख,
यही 'कुछ और' हीं है मन की भूख।

मन की भूख, आदमी को सही राह से भटकाए,
और अधिक पाने की इच्छा, पूरी करके अंत में पछताए।

जो मूल आवश्यकता की पूर्ति में करते हैं संतोष,
उन्हें नहीं पछताना पड़ता, होते स्वयं उनके साथ
आशुतोष।।

जो न दूसरों को कोई दुख तकलीफ देगा,
उसका आदमी तो क्या, विधाता भी क्या कुछ कर लेगा।

क्रिया प्रतिक्रिया का अटल नियम, क्या कभी टूटेगा?
जो करे अति दूसरों पर, विधाता क्यों न उसपर रुठेगा।।

आदमी थोड़े में घबड़ाता है, डूबता है, उतराता है,
सोचो जरा उसकी भी, जो संसार सारा चलाता है।।

उसी का है नियम, 'संतोषं परमं सुखम्',
मन की भूख उसी से मिटे, जीवन के सारे गम।

हर प्यास बुझेगी उसी से याद रखो हरदम,
संतोषं परमं सुखम्, संतोषं परमं सुखम्।।

                    आदमी

जीवन वह नहीं है
जो हमें मिला है
जीवन वह है
जो हम बनाते हैं
-गौतम बुद्ध

तकनीक

'तकनीक' है ऐसा शब्द, जिसका मोल बड़ा,
उत्तम तकनीक, जीने की सर्वश्रेष्ठ कला।
धरती पर मानव जब आता, 'तकनीक' से नाता जुड़
जाता।।
पीने की कला, खाने का ढंग, खेलने की तकनीक,
मुस्कुराने का रंग।

जीवन का कोई भी कार्य, बिन तकनीक श्रेष्ठ न होता,
जो सीखे न नित नई तकनीक, वह जीवन अपना यूँ
हीं खोता।।
बच्चा विद्यालय कुछ नया और अच्छा सीखने जाता,
वही बढता आगे, जो अधिक से अधिक तकनीक सीख
पाता।

जीना भी एक कला, मौत नहीं बला,
करके इसके प्रयोग, आदमी आनन्दित हो चला।
चित्रकार को आती चित्र बनाने की कला,
धोबी, सुनार, दर्जी आदि तकनीक से हीं चला।
पेंटर को पेंट करने की विधि आती,
कवि, लेखक के मस्तिस्क में विचारें बँध जाती।।

 आदमी

चालक साईकिल से लेकर जहाज तक उड़ाता,
अभियंता कुशलता से गगन चुंबी इमारतें बनवाता।

जादूगर अपनी तकनीक का सिक्का जमाता,
नेता कुशल भाषण औ विद्वता का रंग जमाता।
साधू संत, अध्यात्म से जोड़ते जीवन का अंत,
चिकित्सा, ज्योतिष, गणित आदि तकनीक का क्षेत्र अनंत।

कार्यों के कायदे कानून भी तकनीक से बन पाते,
वास्तुकला, पाककला आदि सभी क्षेत्र इसमें समाते।
बिन तकनीक, आदमी जानवर बन जाएगा,
जो सीखा जितना ज्यादा तकनीक, वही विद्वान
कहलाएगा।

हुनर, कला, तकनीक से आदमी धन कमाता,
किसी भी क्षेत्र में श्रेष्ठ बनकर, जिंदगी मजे से चलाता।

क्रांति

बैठे हैं जो आलीशान महलों में, हाथ में उनके हल-बैल थमा दो।

जो खींच रहा है रिक्शा, उसे रिक्शा पर बिठा दो।।

जो गिन रहें हैं सिर्फ नोट, उन्हें भीख मॉगने हेतु कटोरा दिला दो।

जो लाईन में है सबसे पीछे, उन्हें सबसे आगे बढा दो।

जो बैठे बैठे लेते हैं रिश्वत, मजदूरी उनसे करवाओ।

बैठे बैठे तोंद बढ गई जिनकी, बाहर धूप में उन्हें दौड़ाओ।

चलाते है जो सिर्फ कलम और कहते हैं मेहनत करते हैं,

अरे वो क्या जाने, मेहनत का मतलब, सिर्फ ढोंग करते हैं।

बैठे बैठे कुर्सी तोड़ें और कहें मेहनत है, शायद कुर्सी तोड़ना भी मेहनत है।

हाँ, कुर्सी तोड़ने में मेहनत तो है हीं, कितना मजबूत जो कुर्सी बना होता है।

कोड़ रहा है जो बाहर, धूप में माटी, नजरों में उनके, वो अभागा है।

ये मेहनत किये हैं पढने में, देकर गुरु जी को कोदो और सूथनी।।

आदमी

तब तोड़ने को मिली है यह कुर्सी, और इसमें भी मेहनत
है।
बहे न माथे से बूंद पसीना, और कहें मेहनत है।
बैठे बैठे तोंद बढ गई, और कहें मेहनत है।।

वाह रे वाह! ये कैसा मेहनत है? जो बैठे बैठे तोंद बढाए,
कुर्सी तोड़े और रसगुल्ला खायें,
ऐसी मेहनत करने को 'देव' भी ललचाए।।

कद्र उसी की, जो हो हुनर का खजाना,
तकनीक से चाहो तो, जीत लो सारा जमाना।।

नसीब अपना अपना

ट्रेन के ए.सी. कार में निश्चिंत सोया सफर करता आदमी है,
उसी ट्रेन के एक जेनरल डिब्बे में बोरे की तरह ठूंसा भी, आदमी है।

महँगी सूट, चमकते बुट, लटकती टाई, बातें भी हाई फाई, यह आदमी है,
दूसरी तरफ, रुखे बाल, धंसे गाल, गुदड़ी के लाल, आखिर इसमें क्या कमी है?

अमीरी मिलती है विरासत में, कुछ लोग यूँ हीं पाते हैं,
कुछ मेहनत करते, आगे बढते, अपनी किस्मत खुद बनाते हैं।

जो बढ न सकें, कुछ कर न सकें, वे हीं पछताते हैं,
वे हीं ट्रेनों में बोरे की तरह ठूसे जाते हैं।

सफर ट्रेन का, है कुछ घंटों का, पर हमें यह जिंदगी की सच्चाइयाँ दर्शाता है।
रंग बिरंग के लोग मिलते बिछड़ते हैं, सफर यह हमें बहुत कुछ बताता है।।

 आदमी

ट्रेन में जिंदगी की बाजी हारे, गम के मारे भी मिलेंगे,
ताश में डूबे, बोझिल जिंदगी से उबे लोग भी दिखेंगे।

राजनीतिक चर्चा आम होती है, झूठी गप्पें, उड़ती खबरें,
तमाम होती है।
ओढे लबादा झूठ का, सुबह औ शाम होती है,
सच्चाई भी आंखे मूंदे, चुपचाप सोती है।

दार्शनिक अंदाज में कोई मुँह चलाता है,
देख गरीब को, कोई सहानुभूति दर्शाता है।

मजदूर 'जन' भी पसर कर बैठने का लुत्फ उठाता है,
पर 'सिपाही' के घुड़क देने पर तुरंत सिमट भी जाता है।

सीधे-साधे, सच्चे जन का चलता कोई जोर नहीं,
'काला कोट' हो या 'खाकी वर्दी' इनका रोब हर कहीं।।

मजबूरियाँ

आदमी हीं तो है, थक वो जाएगा, कितना दौड़ेगा, कहाँ तक जाएगा?
सीमित उसकी शक्ति, कैसे विशेष कुछ, कर पाएगा?

हर घंटे, भूख सताए, चार घंटे का भी मेहनत थकाए।
हर शाम, पलक झुकाए, छोटी बात भी, दिल दुखाए।।

करते करते मेहनत, थक जाए, फिर भी आस, पूरी न हो पाए।
कुछ मिले या, न मिले, फिर भी, आस लगाए।।

दौड़ते भागते बीते जिंदगी, कुछ हाथ न आए,
गँवाकर क्षण अनमोल, अंत में पछताए।

मन कभी भरे न, धन अन्न से, खाली मन, फिर से भरमाए।
जितना सुलझाए वह जिंदगी, मन उतना हीं, आदमी को उलझाए।।

पर हैं इसके कुछ अपवाद भी, कुछ अप्रत्याशित कर
दिखाता आदमी हीं।
अंतरिक्ष, परमाणु बम, कम्प्युटर भी, आदमी हीं दिखाता
कमाल, सब कहीं।।

कैसे कर पाते हैं ये कमाल कुछ लोग हीं,
निरंतर अभ्यास और ध्यान लक्ष्य पर हीं।

तभी विशेष कुछ कर पाते लोग सही,
कुछ लोग होते कुदरती, साधारण नहीं।।

कुछ विलक्षण शक्ति और प्रभा,
लाखों की भीड़ में फैली उनकी हीं आभा।

साधारण जीवन जीकर,वो पद पाया नहीं जा सकता,
असाधारण हो जिसकी कार्य शैली, वही मही पर जमता।।

दरिद्र नारायण

भारत के अनेक शहर, शहरों के अपने स्टेशन।
स्टेशनों के अनेक प्लेटफॉर्म, हर प्लेटफॉर्म के दो सिरे।।

एक शुरु दूसरा अंतिम, या, एक अंत दूसरा शुरु।
आगमन और प्रस्थान, प्रस्थान और आगमन।।

पसरा रहता है इन सिरों पर, भारत का एक रुप।
दारिद्रय, भूख, बेहाली, मैले, कुचैले, कृशकाय, फटेहाली।।

भिखमंगे, मवाली, खानाबदोश, कोढ़ी, साधू, ढोंगी, नकाबपोश।

भिनभिनाती मक्खियाँ तन पर, फैलाती घृणा, विशाद मन पर।
कातर दृष्टि से निहारते जन पर, निरुपाय, निःसहाय, लाचार, पंगुवर।

चोर, उचक्के, लंपट, उठाईगीर, शामिल रहते, होती जहाँ इनकी भीड़।

मरते जाते दवा-सूश्रुषा के अभाव में, धरी रहजाती मैली
कुचैली गठरी सनसनाती हवाओं में।।

फेंक जाते थे प्रश्नों के अनेकों तीर, क्या हैं नहीं ये मानव
मतिधीर?
फिर क्यों गति इनकी ऐसी? अंत भी इनकी आवारा कुत्तों
जैसी।

व्यक्ति कोई स्वभावत: भ्रष्ट होता नही,

परिस्थितियाॅ उसे भ्रष्ट बना देती है॥

सच्चाई

पहाड़ पर चढने वाले को, उतरना भी होता है,
जन्म लेने वाले को, मरना भी होता है।
चढती सूरज की किरणें, प्रचंड रुप दिखाती,
संध्या बेला में ढलकर अस्ताचल में खो जाती।।

तेज चलने वाले की गति, धीमी होनी हीं है,
रुप, सुंदरता एक दिन, खोनी हीं है।
युवा जमाने की हर चुनौतियाँ, जोश से करें स्वीकार,
तो एक दिन बुढ़ा बनकर, समाज में बने निर्बल, बीमार।।

सबका, सब दिन, एक सा कहाँ रहता है?
सुख में पलने वाला भी, कभी न कभी दुख सहता है।।

अतः स्वीकारो सच्चाई को, दुख सहने हेतू रहो तैयार,
जन्म लेकर जिंदगी का लुत्फ उठाया, मृत्यु की चिंता करो
न बेकार।।

रोग जब सताता है,
याद ईश्वर ही आताहै।
असहाय, निरुपाय की स्थिति में
कोई हितैषी भी काम न आता है।।

स्थिति

नजरें इधर-उधर घूमती हीं रहती हैं,
देखती रहती, जाने मन को क्या कहती है।

शाम का हल्का धुंधलका छाया था,
कूड़े के ढेर पर से नजरें फिसलकर लौट आया था।
कारण था कि कूड़े के बीच कुछ कुलबुलाया था,
नजरें गहरी करने पर 'आदमी' एक कूड़े में नजर आया था।

अविश्वास की एक गहरी झलक, ऐसा भी होता है क्या?
महलों में रहने वाला 'आदमी' कूड़ों में भी सोता है क्या?
मैले फटे चिथड़ों में लिपटा, निश्चिंत सोया था वो,
देखकर 'आदमी' की ऐसी दशा, मन द्रवित कैसे न हो।।

पर 'आदमी' के लिए 'आदमी' कर सकता है क्या?
रखता सिर्फ सहानूभुति 'बेचारे' के प्रति, न हीं कुछ करता नया।

जाने दारु पीकर अथवा भूखे हीं अथवा मानसिक कारण कोई,
पड़ें क्यों उसके पीछे हम, 'राम' चाहे जो होई।।

          आदमी

है प्रत्येक 'आदमी' अपनी हीं उलझन में उलझा हुआ,
करेगा काम क्या ऐसा 'आदमी', कोई सुलझा हुआ?

दैहिक, दैविक, भौतिक तापों से झुलसता आदमी।
आएगा नजर हर अविश्वसनीय स्थिति में,
न होगी इसमें कोई कमी।।

आवश्यकता

आवश्यकता कभी मिटती नहीं, मन कभी भरता है कहीं?
पेट भरता है तो चंद लम्हों के लिए हीं, फिर भूख प्यास
तंग करता हीं।

हर सख्श आवश्यकताओं की पूर्ति में परेशां,
मुश्किलें इतनी,कि कहे - जीना नहीं आसां।

अनगिनत जीवन की आवश्यकताएं, अथक प्रयास भी पूरा
न कर पाए।
और आदमी इसी में उलझा रह जाए,
चलती रहती जिंदगी इसी तरह, आखिर कहां जाए?

या तो हार मान ले जिंदगी से, तोड़ ले नाता जीवन की
बंदगी से।
पर होगी यह कायरता, चुनौती से भागना नहीं है वीरता।।
आवश्यकताओं का सृजन किया है विधाता ने,
ताकि मनुष्य उलझा रहे उसी में।

यदि सभी आवश्यकताओं की पूर्ति हो, तो मानव उच्छृंखल
न हो जाएगा?
करेगा मर्यादा से हटकर कार्य भी,
सारे सृष्टि का उलट पुलट न कर जाएगा?

इसी नियंत्रण हेतु तो आवश्यकता बनाया विधाता ने
और आवश्यकता भी ऐसी, उलझा रहे हर शख्श उसे
सुलझाने में।
न फुरसत होगी उसे इस चक्कर से, और न उच्छृंखल हो
पाएगा।

और इसी तरह से सृष्टि जीवन का, संतुलित होकर चलता
जाएगा।।

संपत्ति

मंदिर, गिरजा, गुरुद्वारे, बाग-बगीचे, वन-उपवन, घाट किनारे।

आलीशान भवन, राजमहल, ऊँची द्वारे, स्मारक, संग्रहालय, महल सारे।।

इनमें लगी अकूत संपत्ति, और नित नई बनती ही जाती।

लगाकर अरबों-खरबों, आखिर मानव को क्या दे जाती।।

इसी संपत्ति से अगर लगाए जाते उद्योग,

लाखों नियोजित होते, दूर बेरोजगारी रोग।

सड़कें बनती, जन-सुविधाओं का होता उपयोग,

आर्थिक विपन्नता होती दूर, खुशहाल बनते लोग।।

पर जब सभी हो जाते खुशहाल, तो शायद कुछ के बहकते कदम।

उच्छृंखलता का फैलता जाल, अति के कारण होता बुरा हाल।।

मंदिर, गिरजा के ईशा और राम से,

कम से कम डरते रहें जन, अदृश्य भगवान से।

　　　　आदमी

न हों अनुशासनहीन अपने काम से,
रहें संयम से, बाकी समय प्रेम करें राम से।

इस तरह मानव समाज शांत रह पाएगा,
अच्छा सोंचेगा, करेगा और जीवन निभा पाएगा।
अध्यात्म का अदृश्य वरदान मंदिर हीं दे पाएगा,
मानसिक शांति, दया, प्रेम का पाठ मानव और कहॉ पढ
पाएगा।

अतः मंदिरों-गिरजों में लगी पूंजियां,
व्यर्थ नहीं है वहॉ की भव्यता और मूर्तियॉ।।

आदमी

अवस्था

लो, छिपगया सूरज,
अस्ताचल में, अपनी लाली समेटे।
अभी अभी तो गगन लाल था,
देखो आया अब कौन काली चादर लपेटे।।

आसमां ने खो दिया उजाला,
सांझ ढलने को आई।
गुजरा उम्र सारा,
वक्त अब चलने की आई।।

पंछी अब घर लौट चले,
दिन भर जो चहचहाए।
आशा की अब किरण ढले,
तम के गहरे बादल छाए।।

रात अमावस की,
चांद न आने वाला।
घनेरे बादल में,
तारे भी न टिमटिमाए।।

निराशा की घटा अँधियारी,
था उजला, पर रातें काली।

मोह जिंदगी का

जानते हम सभी, इक दिन तो है जाना,
पर पता नहीं किसी को, कहां होगा ठिकाना।

साथ कहां रहेंगे ये महल-अटारी, माल-खजाना,
छूटेंगे वो भी, जिसके पीछे रहा दिवाना।
क्यों न छोंड़ें सब पहले हीं,
अंत में क्या पछताना।

मोह, ममता तो जरुरी है, जीने के लिए,
भूख, नींद, वासना, ईश्वर ने हैं साथ कर दिए।

पूरी हों आसानी से, जिनकी ये जरुरतें, 'सुख' उन्हीं के लिए,
पूरी ना हो अथवा रहें अधूरी इच्छाएँ, 'दुख' में वो जिए।

'जिंदगी' आदमी का है बड़ा उलझा हुआ,
'आदमी' भी है विचित्र बड़ा, नहीं सुलझा हुआ।
लोग धरती पर, एक से एक अनोखे,
विचित्र मानसिकता वाले लोग, प्रकृति को भी देते धोखे।

पर है सज्जन भी कुछ लोग, अच्छाई जिनकी संस्कार रही,
ईश्वर की कैसी विडंबना, दारुण दुख उनके लिए ज्यादा हीं।

देव - वाणी

- समय सभी समस्याओं का समाधान है।

- समय व्यतीत होने के साथ गहरे से गहरा दाग भी धूमिल होने लगते है।

- परिस्थितियां जब कभी दोस्त और दुश्मन को आमने सामने ला खड़ी कर देती है, तब जिंदगी का तमाशा देखते बनता है।

- हरेक व्यक्ति किसी न किसी मुश्किल में फंसा हीं होता है।

- कभी कभी किसी व्यक्ति की खुद्दारी उसे भयंकर संकट में ला खड़ी कर देती है।

- जो व्यक्ति झूठे आन और मान की परवाह नहीं करते, वे खुश रहते हैं।

- साईं वहां न जाइए, जहां हो न मान-सम्मान, तासे तो 'देव' घर भला, रहे सकल स्वाभिमान ।

- वो नर ना सनमानिए, दया धरम राखे न उर आन रे, तासे तो वो पाथर भला, जो देव निर्गुण समान रे।

 आदमी

गांधी दर्शन मे जीवन शैली

मनुष्य बाहरी आडंबरों, हलचलों और विभिन्न तरह की परेशानियों से उबकर अंतत: शांति हीं चाहता है। परंतु पहले से उसे संतोष रुपी सुख शांति की बात समझ में नहीं आती है। कहा भी गया है की ठोकर लगने पर हीं मनुष्य की आंखे खुलती है। मनुष्य के जीवन में विभिन्नताएं असीमित हैं और अनगिनत हैं जीवन की समस्याएं।

परंतु जन्म से लेकर मरण तक आदमी के जीवन का बहुत ही अच्छा एवं संतुलित पथ प्रदर्शक है गांधी-जीवन-शैली अथवा गांधी दर्शन।

गांधी दर्शन के अनुसार व्यक्ति को समाज और राष्ट्र के अनुसार अपनी जीवन की शैली को बदल देना चाहिये। हमारा देश भारत वर्ष 130 करोड़; अधिकांश अमीर लोगों के हिस्से, संपत्ति की भागीदारी अधिक है लेकिन उनका जीवन भी असंतुष्ट है। अर्थात वे गरीब से भी ज्यादा गरीब हैं।

ऐसी स्थिति में गांधी के जीवन शैली को अपनाना हीं बेहतर प्रतीत होता है और अंत में शांति सुख की चाह वाले लोगों को गांधी के रास्ते को हीं अपनाना पड़ेगा, तो बुध्दिमानी इसी में है कि हम पहले से हीं गांधी के जीवन शैली को क्यों न अपनांए?

गांधी के जीवन शैली में कर्म के साथ प्रार्थना का समावेश है। आलस्य और बाहरी आडंबर का सर्वथा अभाव है। हर पहलू को यर्थाथवादी दृष्टि कोण से देखना होता है।

पश्चिमी जगत के बर्बादी वाले राहों पर चलना पूर्णत: निषिध्द है। भारतीय ज्ञान, योग, ध्यान, अध्यात्म का चिंतन एवं कर्म हीं व्यक्ति को सम्पूर्ण बना सकता है। गीता जीवन का सच्चा पथ प्रदर्शक है।

किसी अनुभवी व्यक्ति ने कहा था कि दुसरों की अन्यायोचित तरीके से उपार्जित कि गयी राशि, लाखों कि सम्पत्ति की तुलना में, किसी के पास थोड़ी हीं सम्पत्ति, लेकिन उचित तरीके से उपार्जित की गयी सम्पत्ति, ज्यादा स्थायी एवं सुख शांति देने वाली होती है।

कल्पना

यदि न हो कुछ पास तुम्हारे,

करो कल्पना, है वह पास हमारे।

हर किसी के पास, सभी कुछ नहीं,

रहती है सब को, कुछ न कुछ कमी।।

यदि सब के पास हो सब कुछ हीं,

तो तृष्णा कैसे रहेगी कहीं।

यही तृष्णा तो जिलाता है,

कभी कभी अनर्थ भी करवाता है।।

तृष्णा का करें हम त्याग जादा, रहेगा फिर जीवन सारा
सादा।

बिताकर सादा जीवन क्यूं पछताए

करें कल्पना, मन में शांति तो आए।

किसी दूसरे का दिल न तोड़ें,

रहें मगन अपने में, व्यर्थ नाता न जोड़े॥

पछतावा पास न फटकने पाए,

सहे खुद हीं, दुसरों को दुख न दे पायें।

जिंदगी है कल्पना, मौत के बाद,

सारा खेल है बनावटी, खत्म होने के बाद।

अस्तित्व कल्पना का, सोंच में समाया हुआ,

खेल सोंच का, विधाता का बनाया हुआ।

करने में कल्पना, कोई मोल नहीं,

करो कल्पना, चाहे रहो कहीं।

जाड़े में गर्मी की कल्पना, गरमी में जाड़े की,

खोए रहो कल्पना में, जरुरत नहीं सांत्वना सहारे की।

यही मानसिक शांति दे जाएगी,

कम से कम औरों को दुख ना पहुँचाएगी।

कल्पना में गरीब, अमीर बने पल में हीं,

चाहें तो स्वर्ग में रहें, भू-तल पर हीं।

कल्पना करने को मालिक भी बताए,

वो इंसा को कभी कभी सपना दिखाए।

जैसे जागने पर झूठा होता है सपना,

वैसे हीं सच के सामने, टिक नहीं पाती कल्पना।

पर जिंदगी भी तो है एक झूठा सपना,

फिर करें नहीं हम क्यों अच्छी कल्पना।

जानते हुए कि हम वो पा सकते नहीं,

क्यों व्यर्थ पड़ें पीछे उसके, भाग्य में लिखा सकते नहीं।

अपनी नहीं ऐसी कोई हैसियत, जो चाहे, लिखा ले वसीयत।

जब है नहीं ताकत उतनी, नहीं बन सकती कोई वस्तु अपनी।

तब रह जाता है रास्ता क्या?

कल्पना हीं है, सबकुछ प्राप्त करने का द्वार नया।

आदमी

जिंदगी भी तो है कल्पना, व्यर्थ निराश न हो,
मिले न कुछ यदि, तो कल्पना में ले लो।
कल्पना में क्या कुछ नहीं मिल सकता,
धन, मान और घर भी बनता।
करो कल्पना की हम अमीर हैं,
सारी दुनिया हमारी, नही हम फकीर हैं।
कल्पना में सारी दुनिया अपनी है,
न भी हो तो, फिर हममें क्या कमी है।
कम से कम अनाचार से बचेंगे हम,
रहेंगे संतोष से, नहीं होंगे किसी से कम।
करो कल्पना, रहो अपने में मगन,
औरों से क्या मतलब, वश में हो हमारे मन।
जिंदगी भी एक सपना है, सपना भी एक कल्पना है।
होगी किस्मत में तो खुद मिल जाएगी,
यदि न भी मिले तो, क्या हमारी ले जाएगी।
कल्पना है अमोल, इसमें करना क्या कमी,
आसमाँ तो आसमाँ, अपनी है पूरी जमीं।।

आदमी

सांत्वना

सोंच समझ कर जो करना,
फिर पीछे क्या पछताना।
अगर हो कुछ गड़बड़,
सोंचो ना दिवाना।।
यदि जीत हीं हरदम हो, तो,
हार कहां स्थान पाएगा।
जीते या हारे, लड़ना हरदम,
एक दिन हार भी हार जाएगा।।
सोंची समझी योजना भी,
होती नहीं कामयाब हरदम।
इसके पीछे भी होती इच्छा,
विधाता की सनम।।
दुनिया में ऐसी कोई चीज नहीं,
जो नाशवान न हो।
माना बनाया तुमने शीशमहल
टूटे तो परेशां न हो।।
रेत के महल को,
टुटना हीं होता है।

निर्माण के चरण में हीं,
समाप्ति की नियति होती है।।
        काम तुम्हारा सिर्फ सृजन करना,
रास्ते की झंझा-आंधी से न डरना।

अहसास जिम्मेवारी का

कभी कभी व्यक्ति पर मानसिक परेशानियों का बोझ इतना बढ़ जाता है कि उसे कंपकपी छूटने वाली सर्दी में भी पसीना आने लगता है, पसीने से वह नहा उठता है। चिलचिलाती गर्मी की दुपहरिया की धूप उसे नंगे पैर कोलतार की चिपचिपाती, तवे के समान जलती सड़क पर चलने से नहीं रोक पाती। मस्तिष्क पर पड़े भयंकर दवाब के कारण वह भूख और मार की मर्माहतों को आसानी से झेल जाता है। उसके शरीर पर सारी प्राकृतिक आपदाओं की मार अपना कोई असर नहीं दिखा पाती। उसे जीने या मरजाने की कोई चिंता नहीं रहती। वह वैसी हालत में अंधेरी रात को श्मशान में अकेले रह सकता है। चलती ट्रेन से कूद सकता है। तैरना न जानते हुए भी गहरी नदी में छलांग लगा सकता है। अर्थात मौत उसे किसी तरह डरा नहीं सकती।

उद्बोधन

सुरज ढलता हीं है,
बर्फ गलता हीं है।
सुंदरता ठहरती नहीं,
उम्र रुकती नहीं।।

समय चलता हीं रहता है,
झरना झरकर क्या कहता।
ये जिंदगी गुजर जानी है,
पियो न पियो बहता पानी है।।

तुम्हारी ये जिंदगी, चाहे जैसे बिताओ,
एक दिन रुठेगी, चाहे लाख मनाओ।

लिखो, चाहे छोड़ो कोरा,
व्यर्थ सोंचो भी न थोड़ा।
बाद में पड़े न पछताना,
चूककर कोई निशाना।।
फिर न अवसर यह आएगा,
नहीं कुछ किया तो, पछताएगा।

                    आदमी

पड़ा है किस्मत राहों में,
अटक रहा निगाहों में।।

करोगे उद्यम किस्मत चमक जाएगी,
रहोगे सोचते, किस्मत क्या, जिंदगी साथ छोड़
जाएगी।।

विडंबना

नई नवेली दुल्हन,
घर-बाहर करें सभी परछन।
वर, घर सब अर्पण,
नई से आंख चुराए दर्पण।।

नई चमकती स्कूटर,
बार बार पोंछी जाए।
नई फ्रीज की हिफाजत,
कहीं खंरोच न लगजाए।।

टी.वी. है नई अगर,
रहे ढका, लगे ना नजर।
अटैची, ऐनक और घर,
पोंछने की होड़ लगे परस्पर।।

जूता नया आया बाजार से,
सज गया अलमारी के दरबार में।
खत्म हुई पालिश की डिब्बी दिन चार में,

चमकता जूता, पालिश हेतु लगा कतार में।।
ज्यों भरे को हीं लोग भरते हैं,
ज्यों माली हरे बाग को हीं हरा करते हैं।
त्यों लोग भी नए को ही नया करते हैं,
भरे घर पर हीं दया करते हैं।

नई नवेली दुल्हन,
करते थे सभी परछन।

जब वास्तविक मदद की वक्त आन पड़ी,
लोग सब छिटके, असलियत सबकी जान पड़ी।

चूँकि वर्ष बीत गई थी एक,
पुरानी हो गई थी दुल्हन नेक।

स्कुटर घर के पिछवाड़े में,
लुढका रहता द्वारे वारे में।
धूल गर्द सने स्कूटर में,
ध्यान न देता कोई स्कूटर में।।
वक्त के साथ रंग भी धुंधला गया,
लगता नहीं, यही था कुछ दिन पहले स्कूटर नया।

एक दिन फ्रीज ढनमना गया,
दरवाजा टूट कर फेंका गया।

फ्रीज पोंछने वाले जाने कहाँ गए,
पुरानी हो गई थी, फ्रीज, लोग भूल गए।।
टी.वी. की भी होती है एक समय सीमा,
पुरानी टी.वी. की करती नहीं कोई कंपनी बीमा।

भरी अटैची अचानक हल्की होगई,
मालुम पड़ा, हैंडिल हाथ में, अटैची नीचे रह गई।
ऐनक भी धूल चाटता नजर आया,
एक दिन के धकम पेल में।

जूता का फीता खुल गया,
और उस जोड़े का एक साथी,
छूट गया रेल में।

पर मत सोच तू, ऐसा हीं होता है,
क्युं इन चीजों के पीछे दिवाना होता है।

नए में हीं ये सब दिखावा होता है।

 आदमी

हर चीज इक दिन पुराना होता है।
मत सोंच, हर चीज पूरा ना होता है।

आज के दौर में कोई कार्य सरल नहीं,
अनेकों समस्याओं से लड़ता आदमी हर कहीं।
मौसम का खौफ अवरोधों का डर,
करता हतोत्साह, लेता उमंगें हर॥

वक्त

वक्त वो आवाज है, जो बहरों को भी सुनाई देता है,
वक्त वो साज है, जिस पर सभी थिरक जाते हैं।
वक्त वो गीत है, जिसे सभी गुनगुनाते हैं।।
    वक्त वो राज है, जिसे कोई सुलझा न सका है,
    पहचान वक्त को, वक्त हीं पलटता है राजाओं के
तख्त।
    हर लाईलाज समस्याओं का समाधान है वक्त।

गहरे से गहरे घावों को भी भर देता है वक्त।
रोते को हँसा देता और हँसते को रुलादेता है वक्त।

किसका कैसा होगा कब वक्त, कोई जान न सका है,
वक्त है क्या चीज, इसके राज को कोई पहचान न सका
है।।

वक्त के साथ मिलाकर चलते हैं जो कदम से कदम,
उन्हीं का कदम चूमती है वक्त हरदम।।
    जो वक्त की राहों से अंजान हैं,
    वे हीं इस दुनिया में हैरान, परेशान हैं।।
सह न सका है कोई वक्त की मार को,

आदमी

कितने हीं चिराग गुल किए हैं वक्त की धार ने।
बच न सका है कोई वक्त की तलवार से,
जो अनदेखी करे इसकी, बहा ले गया वक्त उसे संसार से।।

आदमी की हस्ती है क्या, वह तो वक्त का गुलाम है,
पहचान तू इसे अन्यथा तेरी सारी जिंदगी इसके नीलाम है।

दुख ताप दारुण

अत्यंत प्रचंड ताप, गर्मी,
हर वर्ष हीं, अवश्य है पड़नी।
　　लोग असमय होंगे हीं काल-कवलित,
　　झुलस-झुलस दुख ताप दारुण सहकर।
साधनहीन गरीब को झुलसना हीं होगा,
असीम गर्मी, शीत-उष्ण सहना हीं होगा।
जीयें या मरें, आगे उनका भाग्य कहेगा,
मर मर कर जियें, या, जीतें मरें, कौन सुनेगा।।
　　अमीरों की तो बात हीं छोड़े,
　　कोई उनका दिल क्यूं तोड़े।
　　चाहे वे असंख्य गरीबों का खून निचोंड़ें,
　　ज्ञान-विज्ञान, धन साधन न थोड़े।
जब प्रचंड गर्मी दिखलाती है विकरालता,
धरती बनती तवा, गर्मी से खून भी खौलता।।
फ्रीज, एयरकंडीशनर, बढाती पर्यावरण की उष्णता,
ए.सी. कार में कोई सफर करे, कोई राह में गिरकर
झुलसता।।

गिलहरी और दयासागर

जाती थी गिलहरी एक, आशा में, कुछ भी आहार मिल
जाने को।
बच्चे उसके भूख से छटपटाते थें, तरसते थे दाने दाने
को।।
सुबह मुँह अँधेरे हीं, निकल पड़ी, गिलहरी, कुछ आहार लाने
को।

चारों तरफ मिलती थी खड़खड़ाती सूखी पत्तियां, उसकी भी
भूख बढाने को।।
दूर निकल आई गिलहरी रानी, नजर न आई कुछ खाने
को।
निराश हुई बेचारी, सोंच रही थी, घर लौट जाने को।।
    याद उसे बच्चों की आई,
    ममता से वह भरमायी।
    खोजती ढूढती कुछ दाने वह,
    एक बरगद के नीचे, मंदिर के छत पर आयी।

सोंच रही थी बेचारी, किसके घर जाउँ।
कहां से पेट भरने को, रोटी के टुकड़े लाउँ।
अभी तो लोग सब घरों में अपने सोते होंगे,
अथवा, रसोई घरों से चूल्हों के सिर्फ धुएं होते होंगे।।
क्या करू मैं, कहां से आहार कुछ पाउँ, गिलहरी ने सोंचा,

अभी ठिठकी हीं थी गिलहरी, तभी एक बिल्ली ने उसे धर
दबोचा।।
छटपटायी, बेबस, व्याकुल आंखों से उसने गुर्राते काल को
देखा,
आहार तो न मिली, काल मिल गया, कैसे मिटती भाग्य
की रेखा।
बिल्ली के जबड़ों में फँसा उसका शरीर था,

लोग थे कहते पर वह न समझी, ज्ञात हुआ अब उसे,
दुनिया कितनी बेरहम थी।

कहां गए ओ सृष्टिकर्ता, देखो एक निरीह प्राणी मौत की
नींद सोता है,
मंदिर में राज करने वाले दयावान प्रभुओं,
देखो तेरे हीं छत पर ये क्या होता है।
कर देना बिल्ली को माफ, क्योंकि,
तू तो दुष्टों के पापों को हीं धोता है।।

तू तो है हीं इसलिए कि प्रत्यक्षदर्शी बना रहे,
जो यहां अन्यायों का लीपा पोती होता है।
खून से लहुलुहान शरीर हुआ जाता था,
गिलहरी छटपटाती, बिलखाती थी।
घर का ख्याल आया, बच्चे भूख से रोते होंगे,
कब मैं पहुंचुंगी आहार लेकर, इंतजार में व्याकुल होते
होंगे।

कैसे कहे वह दिल की बात बिल्ली से भी,
समझे न बिल्ली उसकी भाषा।
ममता रुठी, सहारा छूटी,
टूट गई जीने की आशा।।

कहे किसे वह, कोई तो हो,
जो उसके बच्चों को उसका संदेश सुना दे।
करे न अब इंतजार उसका,
मौत ही है अब साथी, गले उसे लगाले।।
निज दुख भूल वह बच्चों की ममता में भरमायी,
बेबस, कातर, घायल होकर व्यर्थ अपने प्राण गँवायी।

'दयालु ईश्वर'

भगवान जगन्नाथ के धाम ,पुरी में एक परिवार रहता था, अपनी पत्नी और तीन छोटे-छोटे पुत्रों के साथ। समय समय की बात है। पत्नी बीमार पड़ी। पति ने अपने सामर्थ्य भर ईलाज करवाया। पर विधाता की इच्छा कुछ और हीं थी। पत्नी अपने तीन छोटे-छोटे बच्चों ओर पति को छोड़ कर भगवान को प्यारी हो गई। अब बेचारे उस व्यक्ति पर अपने बच्चों और घर का बोझ आ पड़ा। आर्थिक स्थिति वैसे भी नाजुक थी। बच्चे भुख और कुपोषण के शिकार हुए और एक एक कर तीनों बच्चे भी बीमार पड़े और दुनिया से चल बसे। वह बेचारा इतने दुखों और मुसीबतों को झेलते झेलते जर्जर हो चुका था कि अब वह कोई काम करने लायक भी नहीं रहा था। शरीर हड्डियों का ढांचा मात्र रह गया था। पेट की आग बुझाने हेतु वह मंदिर के पास भीख मंगों की कतार में बैठ कर प्रसाद मांग कर काम चला लेता था। पर एक दिन भिखमंगों ने भी उसे अपनी बिरादरी से बाहर कर दिया। तब वह मंदिर के पिछवाड़े पड़ा रहता और फेंके गए जूठन को खाकर पेट की आग बुझाता। उसके बाद वह पेचिश का शिकार हुआ। अब तो उसकी स्थिति नरक में पड़े कीड़े के समान हो गई। उठने-बैठने की शक्ति जाती रही। वह ईश्वर से मन हीं मन कहता-'हे! भगवान, अब तो मुझे उठा ले। अब कितना और दुख सहूंगा। हे ईश्वर, क्या अब भी तुझे मुझ पर दया नहीं आती। वह जहां पड़ा रहता, उस जगह और उस व्यक्ति के मल-मूत्र की सफाई एक

व्यक्ति आकर प्रतिदिन कर देता था और उस व्यक्ति को पता भी न चलता था।

अचानक एक दिन उस व्यक्ति ने उस युवक को देखा और कहा -'क्यों तुम मेरी सेवा करते हो? मुझे किसी तरह मर क्यों नहीं जाने देते। तब उस युवक ने समझाया -'पूर्व जन्मों के कर्मों के कारण जितने दुख तुम्हें भुगतने थे, उन सभी दुखों को इसी जन्म में भुगत लो अन्यथा शेष दुखों को भुगतने हेतु पुनः जन्म लेना होगा। तुम सारी दुखों को इसी जन्म में झेलकर मुक्ति प्राप्त कर लो। और इसी कार्य में सहायता देने हेतु मैं तेरी प्रार्थना सुनकर दया करके मैं 'विष्णु' तुम्हारी सेवा कर रहा हुं। फिर तुम कैसे कह सकते हो कि ईश्वर दयालु नहीं है?

सलाह

कहां जाना है?
अंत में घर हीं आना है।

बाहर भीड़ है खर्चा, परेशानी,
भूख, नींद की अलग कहानी।

घूमने से मन भटकेगा,
व्यर्थ खर्चा भी खटकेगा।

शांति खोने क्यों जाना है,
बाहर जाकर पछताना है।

जो खोजने, देखने बाहर जाते,
मृग- तृष्णा हमें ललचाते।
कुछ हाथ न लगता, पास जब जाते,
फिर जाकर बाहर, मन क्यों भटकाते।

दूर का ढोल सुहाना होता है,
फिर यह नयापन क्यों खोता है।

आदमी

रहने दो इसे सुहाना,
जाकर नजदीक करो न पुराना।

घर को मंदिर बनाओ,
नित नई नई सज्जा सजाओ।
फिर मन मंदिर में राम को बिठाओ,
होजाओ मगन, बस राम धुन गाओ।

बाहर से सिर्फ पैसा लाना है,
न कि बाहर जाकर इसे गँवाना है।

क्योंकि पैसा का है मोल बड़ा,
इसी के बल पूरा परिवार खड़ा।

फिर सुख शांति समृद्धि सब आएगी।
बाहर जो खोजने जाते, घर में हीं मिल जाएगी।।

आदमी

व्यंग्य-।

आम आदमी

कोई तोता के शकल का है आदमी,

कोई गीदड़ जैसा है आदमी।

भेड़ चाल चले, कोई आदमी,

गधा जैसा भी है कोई आदमी।

कउआ से चालाक नउआ,

बुजुर्ग से सयाना बउआ।

कांधे में लटकाए झोला,

सफेद खद्दर, काला चोला।

कुर्सी पर बगुला ध्यान,

छोड़ना नहीं, जाए चाहे लाखों जान।

मर जाए लोग अपनी बला से,

मतलब है नेता को अपनी भला से।

माथे पर तिलक, रुद्राक्ष गला में,

क्या करेंगे समाज का भला ये।

निपुण है आदमी को उल्लु बनाने की कला में,

बनाकर वेबकुफ दूसरों को, घर अपना चलावें।

दूसरे के सिर पर पैर रख चढ़ने को तैयार,

होगा दूसरे का क्या, नहीं करें विचार।
    कहें, घोड़ा करे घास से दोस्ती, खाएगा क्या,
    नहीं करें दूसरों की अनदेखी तो पछताएगा क्या।

जितनी मुंडी, उतने विचार,
एक रास्ते पे चलने को नहीं तैयार।
कोई गर्मी दिखाए, तो कोई नरम व्यवहार,
आम आदमी माला नहीं, जिसे पिरोए एक तार।।

अजीब अजीब हैं मानवों के रंग,
अजब अनोखे रीति रिवाज, गजब जीने के ढंग।
कोई खुशहाल है, तो कोई गरीबी से तंग,
कोई शांति पसंद करे, तो कोई वेवजह की जंग।।

किसी को दूजे की बात न सुहावे,
दूजा भी उपदेश दे देकर इतरावे।
तीजे का चौथे से कोई न लेना देना,
कोई हलवा का भोग लगाए, तो कोई चना चबेना।

नफरत करे कोई 'आदमी' से,
तो कोई करे नारी से प्यार।
प्यार नफरत सब झूठ, स्वार्थ का है सब बाजार,
आदमी हीं आदमी का पर, कुतरने को तैयार।।

    आदमी

व्यंग-।।

प्रशासन

कंधे में टंगा राईफल, हाथ में लाठी।
सिर पर टोपी, शरीर पर खाकी वर्दी।।

ये आधुनिक 'राम' है, प्रहरी समाज के, 'सिपाही' नाम है।
लाठी है तीर, धनुष राईफल,जो कभी नहीं आता काम है।।

जब तब ये तीर यानि लाठी से, भीड़ को धरकाते हैं।
गोली छोड़ने की आर्डर नहीं, लाठी सिर्फ चलाते हैं।।

कभी मूंगफली वाले से, बादाम लेकर खाते हैं।
खराब बादाम देख गरमाते हैं।।

निकल जाए देहातों में ये कहीं, ग्राम वासियों के दिल दहलातें हैं।
कभी होते नहीं ये सब अकेले, चार-छः के ग्रुप में देखे जाते हैं।।

ये जन की रक्षा क्या करेंगे, राईफल की रक्षा पहले जरुरी है।
छीन गई राईफल कहीं, तो ईज्जत जाएगी,
14,000 की राईफल, फिर कहां से आएगी।।

'नेता जी' की रक्षा हेतु 'राम' हैं, लाठी दिखाकर खदेरना जन को,
यही इनका असली काम है। बाकी समय बैठकर करना आराम है।।

नेता के आगे पीछे रहने से, भाव इनका बढजाता है,
शायद ये समझते हों, नेता हीं इनका भाग्य विधाता है।।

जनता को दिखलाते अपनी शान,
नेता की रक्षा हेतु निछावर इनके प्राण।

 आदमी

व्यंग-III

❖

.....और नेता

कब्र में है पैर लटकी,
पर कुर्सी में है जान अटकी।
औरों को अवसर न देते,
अंत अंत तक कुर्सी का मजा लेते।।

कुर्सी बड़ा गद्देदार है, इसके बिना जीना बेकार है।

जनता के बनते वो वफादार,
चार वर्षों तक पीटते बेशुमार।
        पांचवें वर्षों में लेते हैं पुचकार,
हो जाती है जनता वोट देने को तैयार।।

पुनः बैठ कुर्सी पर, चरखा वही चलाते,
कात-कात कर सूत, अपना माला बनाते।

आगे-पीछे पुलिस, प्रशासन और चमचा हजार,
लगे न धूल पांव में, लगुआ भगुआ कर देते हाट बाजार।

      आदमी

राजनीति अब तो व्यापार बनी,
वही जीतते, जो हैं पूंजी से धनी।
जीतने हेतु मोटी पूंजी जो लगानी होती है,
जीता कर सिर्फ एक को, बाकी को जनता डुबो देती है।।

लगाई है पूंजी तो नफा भी चाहिए,
सकल परिवार सुरक्षा हेतु सिक्युरिटी चाहिए।
पब्लिक से कर वसुलें, माध्यम चाहे कानून या गुंडा हो,
रंगदारी डॉक्टर दें या व्यवसायी, न दें तो भुगतें अंजाम जो
हो।।

बातें

कभी कभी कोई बात आदमी के हृदय में चुभ जाता है,
बात वही उसे हर पल, हर घड़ी, तड़पाता है।
बात हो सही, तो वह गहन विचारों में डूब जाता है,
अपने को तौलता है, समीक्षा करता है, और मौन हो जाता
है।

बात हो पते की, तो वह गांठ उसे लगाता है,
बातें मर्मभेदी मगर, उसे रुलाता है।

बातें ऐसी भी, जो सोंचने पर कर देता मजबूर,
बूढे बुजुर्गों की बातें, अनुभव से भरपूर।
जो अनसुनी करे इनकी, होते सुख से दूर,
पर लोग अनर्गल कहदेते, होकर अभिमान से चूर।

बातें लोगों की, एक से एक अनोखी,
मंजिल पर पहुंचे, सयानों की बातें चोखी।
प्रेरणा देती आगे बढने की, बातें अनुभव की होती,
जीवन में उतारें जो, इन बातों को, किस्मत न उनकी
सोती।

बातें सबकी, ढोया न करो,
व्यर्थ सोंचकर, जीवन खोया न करो।
काम की बातें सुनकर, सोया न करो,
उतारो जीवन में, यूँ हीं रोया न करो।।

 आदमी

मन की अभिलाषा

सफर कर रहा है आदमी रेलों में,
बंद कर दिया है आदमी ने, आदमी को जेलों में।
आदमी दिखारहा है तमाशा, आदमी को, मेलों में,
खींच रहा है आदमी, आदमी को, रिक्शा ठेलों में।।

आदमी घायल करता है, आदमी को, सीमा पर,
घायल का उपचार करता है आदमी, बीमा पर।

आदमी को, आदमी हीं सीखा रहा है, व्याख्यान देकर,
और सीख रहा है आदमी, आदमी से हीं, फीस देकर।

आदमी हीं सम्मान कर रहा है आदमी का,
और अपमान भी आदमी हीं कर रहा है, आदमी का।

लूट रहा है आदमी, आदमी को हर हाल में,
मजबूरी है लूटना, पापी पेट के सवाल में।
फँस गया है आदमी लूटपाट के अंतर्जाल में,
आदमी होने की है मजबूरी, वरना कौन पड़ता बवाल में।

आदमी है तो क्या हुआ, पेट जो साथ है,
पेट ही नहीं, चंचल 'मन' का भी हाथ है।

और यह मन हीं आदमी से करवाता लूटपाट है,
मन की अभिलाषा असीमित, गजब इसकी ठाठ है।

मन आदमी का फँसा होता है, लोभ लालच के जाल में,
कामनाओं की पूर्ति हेतु, चंचल रहता है मन, हर हाल में।
आदमी करता है अन्याय, आदमी पर, फँसकर इसके जाल में
वरना 'अन्याय' के खिलाफ, 'आदमी'
शामिल क्यों होता 'हड़ताल' में?

 आदमी

जुल्मियों से

जिंदा को सताते हो,
मरे को सताओ तो, जाने!
खाते से छीनते हो,
भूखे से छीनो, तो जाने!
कल जो रोता था, तुम कहां थे?
आज जो हँसा, उसे रुलाने लगे।
बंजर भूमि देखने, तुम न आए?
फसल लहलहाई तो लेजाने लगे!
कोई आगे न बढे, उपर न चढे,
जो जहां है, वहीं रहे।
चाहे तो नीचे गिरे, या मरे,
बढे आगे तो कुछ खरच भी करे।

छिनते हैं लोग उसी से, जो कुछ देते हैं,
ये लोग ही आगे जुल्मी का रुप लेते हैं।
इनको पड़जाती है आदत मुफ्त की खाने की,
लोग मरें या जीए, चिंता नहीं इन्हें जमाने की।
सिर्फ इन्हीं 'जुल्मियों' हेतू जुल्मी बन जाओ।
करो हिसाब बराबर उनसे, फिर गीत खुशी के गाओ।

कड़वी दवा

सच्ची बातें कड़वी होती,
मीठी दवाएं, घाव न धोती।
सत्य तो है अखण्ड ज्योति,
अंधेरे में वह न होती।।

'कार्य' में जिनके बाधा पड़ती,
सच्चाई गले न उनकी उतरती।
असत्य का वो पकड़े दामन,
कहां रहा 'अच्छुण' भी रावण।।

दंभ, असत्य का कब तक बचाएगा,
उंचाई पर ले जाकर गिराएगा।
सच तो सच होता है,
वह न सोंचे, कौन हंसता, कौन रोता है।

किसकी बनती या बिगड़ती है,
सत्य तो सत्य हीं रहती है।।

सच्चाई से लोग मुकरते हैं क्यों?
गलती करके इनकार करते हैं क्यों?

आदमी

असत्य से ढक बात उलझाते हैं,
सहज असत्य भी बनता बड़ा बवाल,
पछताते, सोंचते, बुना क्यों असत्य का अंर्तजाल।
अंत में सच्चाई जब सामने आती है,
पथ से भटके हुओं को रास्ता दिखाती है।

तब कह उठते वे अनायास,
मानेंगे बात ,सभी ,करके विश्वास।

कड़वी दवाएं होती फायदेमंद,
अनुभव से कही मेरी बात, करलो मुट्ठी में बंद।

कठीन रास्ते पर चलना सीखो,
जीवन के हर पन्ने पर, सत्य की भाषा लिखो।

स्वीकारो सत्य को, चाहे जो हो परिणाम,
परेशान तो होंगे, पर अंत में जीत तुम्हारे नाम।

मिथ्या का सहारा ले, जो लोग आगे बढे हैं,
कहां उनकी भी संपदा जंजाल सदा रहे हैं।।

पर उन्हे ग्लानि की आग जलाती रही,
पूछो उनसे, उन्होंने हीं है कही।।

स्वस्थ रहना चाहते तो कड़वी दवाएं खाते रहो,
कुंदन बने रहना चाहते तो, अग्नि में अपने को तपाते रहो।

कसते रहो कसौटी पर अपने को, परीक्षा लिया करो।
छोड़ो मीठा जहर असत्य का, सत्य का कड़वा घूंट पिया करो।

कड़वी दवाएं स्वास्थ्य रक्षक होती, मीठी दवाएं, घाव न धोती।।

 आदमी

दूसरों का दर्द

दर्द दुनिया में किसे नहीं?
दुख दर्द में पड़े हैं लाखों, कहीं न कहीं।

दूसरों की अनदेखी करने वाले बेदर्द भी बड़े,
देखते रहते तड़पते दूसरों को, दूर से किनारे खड़े।

पर वे भी कभी-कभी दुख दर्द के चक्कर में पड़े,
ऐसों की ईश्वर भी कैसे सहायता करे।।

ऐसे भी 'शख्स' हैं दुनिया में,
देखकर दूसरों का दर्द अपना दुख भूल गए।
लग गए तन-मन से, पर दुख मिटाने को,
जो उनसे हुआ, किया सभी, लखने न दिया जमाने को।।

महसुस किया उन्होने दुख औरों का, दर्द अपना,
'फांसी पर चढ गए, सच करने को मां की आजादी का सपना।

ऐसे लोग मानव के रुप में भगवान होते हैं,
तीन दिन पर मिले रोटी को भी 'चांडाल' को देते हैं।
अजस्र उनके दिल में दया की धारा बहती है,
ईसा, बुद्ध का जीवन, संदेश क्या कहती है?

आज भी दुनिया में हैं ऐसे हजारों लोग,
हरते रहते पीड़ा दूसरों की, पीकर गरल अमोघ।

दधीचि ने सुर-रक्षा हेतु अस्थि दान किया,
शिव ने भी 'हलाहल' का पान किया।
'शिबी' ने देह अपना सहर्ष दान किया,
करुणा की मुर्ति 'मदर टेरेसा' ने जीवन अपना कुर्बान
किया।
आज भी हजारों लोग निस्वार्थ भाव से,
मानव सेवा में हैं लगे हुए।

वे ही दुर्लभ जीवन हैं, जो,
मानव की गरिमा को हैं रखे हुए।।

औरों के दर्द से, जो विचलित न हो, वो क्रूर हैं,
ऐसे पाषाण हृदय से विधाता भी दूर है।

यदि सहायता न कर सकते किसी की,
तो किसी के दर्द का कारण भी न बनो।
नहीं पी सकते गरल अगर,
तो औरो को पिलाने का जतन न करो।।

 आदमी

दौड़ जिंदगी का

जिंदगी के दौड़ में गिरना नहीं,
गिरे अगर, तो उठानेवाला न मिलेगा कहीं।
क्योंकि सभी तो होंगे दौड़ में शामिल हीं,
दौड़ में कोई नहीं किसी का, हो वह दोस्त हीं सही।।

गिरे हुओं, मुगालते में न रहना, कोई उठाएगा,
तेरा अपना ही, कुचल तुझे, आगे बढ़ जाएगा।।

जीते हुओं को दुनिया बिठाती है सर-आँखों पर,
हारे हुए को खुद आंसू पोंछना होता जीवन भर।
फिर भी चैन नहीं मिलता हारने वाले को,
दुनिया और पीछे ढकेल देती है, हार जाते हैं जो।

उसकी सारी सुविधाएं ली जाती हैं छीन,
रोता है वह जीवन के शेष दिन गिन।

फूंक-फूंक सावधानी से कदम बढ़ाना,
एक भी कदम गलत हुई, तो पड़ेगा पछताना।।
पर ऐसे भी हैं 'शख्स' जिनको हार का गम नहीं,
जीत की खुशी नहीं, सभी स्थिति में रहते सम हीं।।

 आदमी

वो होते हैं, हार जीत से परे,
अधिक की चाह नही, अपनी शक्ति से खड़े।
उन्हे होता है जीवन का सच्चा ज्ञान,
समझते बूझते सब कुछ, बने रहते अनजान।

जीवन का मूल उनके पास, लोग समझे नादान,
इन्सान से नहीं अपेक्षा करते, साथी उनका भगवान।

आवाज़ें

गूंज रही भुवन मंडल में असंख्य आवाज़ें,
जानी अनजानी, तीव्र, धीमी और मध्दिम साज़ें।
शोर, गीत-संगीत, हवा की लहरियों पर तैर रहीं,
सू-दूर ग्रहों से आती संकेतें, तो रेडियो तरंगें कहीं।

नेताओं का भाषण तो बच्चों का शोर,
वाहनों की चिल्लपों, तो कहीं कहकहों का दौर।
सूक्ष्म-तरंगें, टी.वी. चैनलों की होड़,
परमाणु विस्फोट, तो कहीं लड़ाकू विमानों का दौड़।।

ये आवाज़ें जन जीवन को प्रभावित कर रहीं,
दुनिया भर में फैली आवाज़ें, माध्यम हवा है हर कहीं।
हवा तो अदृश्य है, पर उसकी शक्ति है विकराल,
आवाज़ें तो आवाज़ें, आंधी तूफानों में बन जाती काल।
हवा जीवन भी है जीवों को रही पाल,
इसी माध्यम में दुनिया में बिछा है आवाज़ों का जाल।।

आदमी के अंतःकरण से उत्पन्न होती आवाज़ें,
वचन, बोली, सम्भाषण, वाणी कहलाती है।

        आदमी

बँटती अनेक श्रेणियों में ये आवाजें,
नम्र, कर्कश, मधुर, ज्ञान गर्भित आदि कही जाती हैं।

आदमी तो चला जाता,   आवाजें गूंजती रह जाती,
अनर्गल तो शोर कहलाता, संतवाणी अमर हो जाती।

पुर्नजन्म

पुर्नजन्म का सत्य परखने से पहले,
जीवों के कर्म और फल, जरा समझ लें।
मानव सहित असंख्य प्राणी जग में,
पल प्रतिपल, मरते जन्मते क्षण-क्षण में।।

जन्म और मृत्यु के बीच की समयावधि,
कर्म और फल का लेखा रखती।
और यही लेखा अगले जन्म का कारण बनती,
हर जन्म, पिछले जन्मों की अनुकृति होती।।

जन्म लेते रहते जीव सभी, पिछला हिसाब चुकाने को,
चुकाकर हिसाब सारे, द्वार मुक्ति का पाने को।

किसी को रुलाया, तो खुद रोए बिना मुक्ति न पाओगे,
मदद की अगर किसी की, तो किर्ती अपनी पुण्य खाते में लिखाओगे।
कर्म-फल का ऋण-जमा अनुपात जबतक सही न होगा,
मुक्ति का अधिकारी, कोई जीव आखिर कैसे होगा?

मानव को छोड़, दूसरे जीवों में सोंचने की शक्ति न होती,
मुक्ति द्वार पर आने की, सामर्थ्य मात्र मानव को होती।
मृत्यु पुर्व मानव की जैसी होती अभिलाषा,
कर्मफल के आधार पर, वैसा ही अगला जन्म देते
विधाता।।

असहज दुख झेलकर भी, जो सत्कर्म पर अड़े,
उस मानव का मुक्ति द्वार बंद कौन करे।
जन्म-मरण के चक्कर से, छूट जाते हैं वो,
मृत्यु-पूर्व निर्विकार भाव से, ईश में ध्यान लगाते हैं जो।।

पुनर्जन्म को परखने से पहले, 'आत्मा' को समझना होगा।
स्वीकार न करे आत्मा के अस्तित्व को, ऐसा कोई भू पर
न होगा।।
सूक्ष्म कीटों से लेकर विशालकाय जीवों तक, आत्मा सभी
में विद्यमान है।
'आत्मा' छोड़ दे जीव को, तब जीव सिर्फ मुर्दा समान है।।

यह 'आत्मा' है क्या, अदृश्य पर अस्तित्व वाली,
गर्भ में बढे जीवों में प्रवेश कर, पूर्व जीव का तन कर दे
खाली।
जैसे हवा अदृश्य होकर भी है, अत्यंत बलशाली,
आत्मा का अस्तित्व इससे भी निराला, ज्यों उपवन को
सींचे माली।।

इस 'चेतन' के रहते कर लो, जो करना हो उपकार,
वरना, चोला खाली कर चल देगी, तो जीना होगा बेकार।

अब सोंचे जरा, 'आत्मा' पर बंधन है किसका?
आत्मा गर्भित जीव को स्पंदित करती, हो चाहे जिसका।

'आत्मा' को होता है अतुलनीय ज्ञान,
सुषुप्त और लुप्त भी होता, कुछ अनजान।

इसी सोए हुए 'आत्मा' को जागृत है करना,
ज्ञान और ध्यान योग से, अंतर्मन को होता है भरना।।

सहस्रार केन्द्र में, दिव्य ज्योति है जग जाती,
पुनर्जन्म, मुक्ति और आत्मा का, रहस्य तब समझ आती।
तद्नुसार कर्म करके मुक्ति, अनायास पाया जा सकता है,
वरना, जन्म मरण के चक्कर में, फंस पछताया जा सकता
है।।

आदमी

बाह्याडंबर

लोग घूमते हैं तीर्थों मंदिरों में,
झांके न अपने अंतर्मन में।
मंदिरों की भव्यता उन्हें लुभाती है,
ध्यान योग से दूर हटाती है।।

महत्व मंदिरों का उनकी भव्यता से आंकी जाती,
जो जितना आकर्षक, उतनी महत्व उसकी बढजाती।
झाड़-फानूस, गुंबद उँचें महल अटारी,
रथ, हाथी-घोड़ा, बैण्ड-बाजा भारी।।
ये सब बाह्याडंबर, खींचते जन समूह सारी,
ऐसे हीं आडंबरों से वर्गीकृत हो गए हैं नर-नारी।।
अच्छे पहनावे की कद्र सभी जगह,
आडंबर विहीन पोशाक को, फजीहत बेतरह।
गांधी के पहनावे में, पंच सितारा होटल में, कोई घुस न
पाएगा।
परंतु, कोर्ट-टाई वाले आडंबर को, दरबान झट सैल्युट
लगाएगा।।

पहनावे से हीं आदमी का मूल्य अब आंका जाता,
पैजामा कुर्ता वाले 'विद्यासागर' को चौकीदार, धक्का दे भगाता।

किसी नेता के आगे पीछे कार हो तो, वह भीड़ का आकर्षण बनता।
वही अगर चले अकेले कहीं तो, पहचान न पाती जनता।।

पहले भी था, पर अब कुछ ज्यादा बाह्याडंबर का जमाना,
रंगे हुए होंठों और बालों का सारा दुनिया दिवाना।।

 आदमी

प्रेरक प्रसंग

हरियाणा के एक गांव में कुछ किसान बैठकर ठंड के दिनों में आग तापते हुए आपस में बातचीत भी कर रहे थे। जुताई का मौसम शुरु हो गया था। ऊँट से खेतों में जुताई का काम किया जाता था। सभी किसानों के पास अपने अपने ऊँट थें। उनमें से एक किसान रामलाल का ऊँट कुछ दिनों पहले हीं मर गया था। ऊँट के अभाव में उसके खेतों में जुताई सम्भव न थी। रामलाल का व्यवहार भी जरा विचित्र था। वह समाज से जरा कटा कटा रहता था। वह अन्य किसानों के दुख-सुख में ज्यादा हिस्सा नहीं बटाया करता था। किसानों की उस बैठक में यही चर्चा चल पड़ी कि रामलाल के खेत इस बार यूंहीं पड़े रह जाएंगे। उनमें फसल ऊँट के अभाव में न उग पाएंगी। सारे किसानों ने रामलाल के प्रति कोई हमदर्दी न जताई। लेकिन उन किसानों में मुखिया ने अन्य किसानों को समझाते हुए बताया कि हमारी वैमनष्यता रामलाल से है न कि उसके खेतों से। यदि उसके खेत में अनाज न होंगे तो राष्ट्र के अनाज उत्पादन में किंचित कमी तो आएगी ही, जो राष्ट्र की क्षति है। अतः सभी किसान एक-एक दिन के लिए अपनी ऊँटों को रामलाल के खेतों में जुताई हेतू भेज दें, बाकि जुताई के लिए मैं अपनी ऊँट भेज दूँगा। इस तरह रामलाल का खेत इस साल बेकार होने से बच जाएगा। सभी किसानों ने इस बात पर सहमति जताई।

मनोस्थिति

मौसम के जैसे, होते रुप अनेक,
आंधी, झंझा, वृष्टि सर्दी-गर्मी समेत।
    रंग भी अनगिन हैं, एक से बढकर एक,
    चुने रंगों को जैसे लेता इंद्रधनुष समेट।

वैसे हीं मानव 'मन' ने रंगों को पाया है,
'मनोदशा' के रुप में स्थिति दर्शाया है।
    रंग 'लाल', क्रोध यानि हानि का है प्रतीक,
    हर्षित 'मन' को रंग 'हरा' करता इंगित।

'पीला' भय, नफरत को दर्शाता, 'सफेद' शांति पाता,
'गुलाबी' प्रमाद की स्थिति बताता, 'केसरिया' जोश दिलाता।
खिन्न 'मटमैला', चिंता-विषाद 'नीला' से 'ह पाता,
नौ रंगों में विभक्त मन, 'काला' से घबराता।।

    शरीर रुपी 'जहाज', मन के अधीन रहता है,
    दलबदलू 'मन' हर वक्त कुछ न कुछ कहता है।
बहका-बहका मन हर वक्त रंग बदलता है,
आदमी हमेशा 'मनोस्थिति' के किसी भी रंग को सहता है।।

आदमी

आदमी होता है हरदम 'मनोस्थिति' के आधीन,

बदलता है रंग हमेशा मन, करता दुष्कर्म नवीन।

आदमी 'मन' के वश में रहता है, कि मन 'आदमी' के
वश में रहता है।

सच्चाई है क्या, कोई न कहता है, मनोस्थिति के बदलते
रंग को सिर्फ सहता है।।

हमेशा होता है आदमी, बदलते रंगों के वश में।

ऐसे में रंगों को पहचानकर हीं, रहें किसी 'दूसरे' के सम्पर्क
में।।

दुसरों की मनोस्थिति की परख करना भी एक कला है,

'बुध्दि' से 'मन' को नियंत्रित कर 'आदमी' हर्षित हो चला है।।

विवशता

अल्पवृष्टि से सूखते फसलों को, जैसे,
देखने को विवश हो जाता है किसान।

धन की कमी से, बेहतर इलाज से मरहूम,
पुत्र को मरते देखने को जैसे, विवश है पिता रुपी इंसान।।

कभी कभी आदमी का व्यवहार हीं, आदमी को,
जैसे विवश कर देता है भ्रष्टता की तरफ कदम बढाने में।

असहाय पति, कभी कभी विवश हो जाता है,
जैसे सबलों से 'अबला' की रक्षा कर पाने में।

विवश हो जाता है कभी कभी दुखी इंसान,
जैसे मौत को भी गले लगाने को।

विवश है असफल प्रेमी और बुध्दिमान भिक्षुक,
जैसे साधु-संत बन जाने को।।

विवश है पंडित जैसे, दम फूलने के वावजूद भी,
शंख बजाने को।

 आदमी

दुष्टों की बुरी नजर ना लगे, आदमी छद्म वेश,
ओढने पर विवश है, जैसे अपने सुख छिपाने को।।

जैसे कुली विवश है अपने से भी ज्यादा,
वजन उठाने को।

जैसे गरीबी विवश कर देती इंसां को,
इमान से हटकर कुछ भी करजाने को।।

आन-मान से विवश है कोई शख्स जैसे,
तड़पकर भूख से मर जाने को।

जैसे धन की कमी से विवश हैं अविवाहित बेटियाँ,
जहर   खाकर   मर   जाने   को।।

जैसे विवश हैं अल्पवेतन भोगी कर्मचारी,
बखशीश पाने को।

भूख से विवश है ,बड़ी मछली जैसे,
छोटी मछली को, निगल जाने को।।

जैसे विवश हो जाता हे सच्चा आदमी, कभी-कभी,
संकट में, टेढा रास्ता अपनाने को।
वैसे हीं 'सर्वशक्तिमान' ईश्वर भी विवश है दुख से झुलसते
अपने भक्तों को देखकर भी, कुछ न कर पाने को।

देव कुमार गुप्ता

डर

हर इंसां के दिल में बैठा है डर,
खोने का डर किसी को, कुछ होने का डर।
डर होता खिलाड़ी को हारने का भी,
चोर, उचक्कों से रात में डरते सभी।।

आग्नेयास्त्र भी भय का प्रतीक बनता,
पुलिस के डर से कोई इंसा भी न तनता।
नेता को डर, पोल न खुलजाए,
नकलची छात्र को डर, चिट न पकड़ाए।।

अफसर रिश्वत लेते हुए डरता,
सर्प दंश ग्रसित आदमी, डर से मरता।
डर व्यापक है, हर दिल में इसका स्थान,
ईश्वर से तो डरता हीं है, निडर इंसान।।

बाढ-सुखाड़ के प्रकोप से डरता किसान,
करता मेहनत भरपूर बनकर नियति से अंजान।
पर कर्म फल न मिलने के डर से हर वक्त परेशां
बदलते मौसम से डरता नाविक सुबह और शाम।।

   आदमी

डर हर दिल में समाया हुआ,
निश्चिंतता में भी इंसा रहता घबड़ाया हुआ।
भूख, गरीबी, कंगाली से डरता आदमी,
चिंता, शोक का डर पाल कर, हर पल नाहक डरता है
आदमी।।

परख

✦

पहली बार हीं देखकर,
किसी शख़्स को आँका नहीं जा सकता।
मूल्यांकन किसी व्यक्ति का, कम-बेसी,
अथवा विपरीत भी होता।।

नहीं बनानी चाहिए किसी के प्रति,
राय अपनी, पहली ही मुलाकात में।
समझें, बूझें, परखें उसे, देखे,
दम है कि नहीं, उसकी बात में।।

किसी को भी परखना है मुश्किल,
जब तक रहते हम, उसकी बातों से अंजान।
किसी के प्रति बनाई हमारी धारणा अविरल,
ध्वस्त होजाती यदि पढ़ें न हम उसका मनोविज्ञान।।

अच्छा और निर्बल आदमी भी,
समय पाकर अपना रंग दिखाता है।
सहमा-सहमा रहता था जो कभी,
क्षणिक मस्ती पाकर इठलाता है।।

                    आदमी

किस किस के अंतर्मन में है क्या छिपा हुआ,
समय पर ही प्रकटता, नहीं माथे पर लिखा हुआ।
किसी आदमी का सहज मूल्यांकन नहीं आसां,
अच्छा भी बुरा बन जाता और बुरा बनता नादां।।

आज का आदमी

मत पूछो, मुरदा हैं 'सारे',
न्याय, अन्याय न विचारें।

विरोध का दम नहीं,
सिर झुकाते हर कहीं।

सच का साथ न देते,
मुश्किल हाथ न लेते।
सबको अपनी चिंता,
गैरों की कौन सुनता।।
उल्टी मन मस्तिष्क वाले,
करे कारनामें नित काले।
भुक्त भोगी नियति समझ लेता,
क्योंकि मुरदा हैं सारे, साथ न देता।।
हो चीर हरण किसी अबला का,
लुट रहा गरीब कोई निर्बल सा।
खड़े तमाशा देखेंगे, नयन पसारे,
विरोध करे न कोई, मुरदा हैं सारे।।
इतना जो शोषण होता है,
खोने वाला सिर्फ रोता है।

हर स्तर पर शोषणकर्ता को कौन दुत्कारे,
सिर्फ अपनी देखे, क्योंकि मुरदा हैं सारे।

सबको है अपनी पड़ी,
नही व्यर्थ खोने को एक घड़ी।
लुटता है कोई, लुट जाने दो,
गिरते को मिलता न कोई उठाने को,
बचा खुचा भी छिनलेते उससे,
कुछ पाने को हाथ पसारे जो।

निर्दयता ही धर्म बना,
स्वार्थी बन जीवन गुजारे जो।

मूक बन तमाशा देखे, गरीबों का, खड़े किनारे,
दिल में दया नही, मुरदा हैं सारे।

अच्छे चलने वालों के रास्ते में खड़ी करे दीवारें,
खोद देते गढ्ढा गिराने को, बिना अपना भी विचारे।

अपने मन की कलुषिता, दूसरों पर उतारें,
हर वक्त उलझन में रहते, मुरदा हैं सारे।

'सारे'- यहां 'सारे' में से उन लोगों को मुक्त समझा जाए, जो
अन्याय का विरोध करते हैं।

देव कुमार गुप्ता

अपनी अपनी सीमा

कुरूप हीं सही, पुत्र माँ की,
आँखों का तारा होता है।
'लाठी' कमजोर हीं सही,
बुढे का सहारा होता है।।
गरीबों की झोंपड़ी हीं सही,
वही उनका महल-चौबारा होता है।
हर तरफ से ठुकराए जीवन का,
'ईश्वर' ही सहारा होता है।।
 थोड़ी सी, मगर सही मार्गदर्शन हीं,
 डूबते को तिनके का सहारा होता है।
 वक्त पर सम्हल जाए जो,
 उसी का यहां पौ बारह होता है।।
रहता औरों के भरोसे जो,
वही धोखा खाकर रोता है।
जीतता है, निरंतर चलने वाला हीं,
बाकी 'खरगोश' की तरह सोता है।।
 नींद जब तक टूटती उसकी,
 'भाग' हाथ में नहीं होता है।

    आदमी

हर शख्स अपनी दुनिया में हीं जीता है,

कोई महँगी शराब तो कोई सस्ती दारु हीं पीता है।

कुएं के मेढक के लिए, समुद्र एक कल्पना है।

यदि देखें उसी के नजरिए से, तो सच उसका यह
कहना है।

जो जहां जितने में है, वही उसकी दुनिया है।

कीमत कम नहीं उसकी आँके, सामने जो 'मुनिया'
है।।

www.ingramcontent.com/pod-product-compliance
Lightning Source LLC
Chambersburg PA
CBHW021541150726
47990CB00006B/2338